SCHOOL OF FINANCE

理财学院

从零开始学基金投资

曾增 / 编著

中国铁道出版社有限公司
CHINA RAILWAY PUBLISHING HOUSE CO., LTD.

内 容 简 介

本书采用了理论知识与实际案例相结合的方式，由浅入深地介绍了基金投资的相关知识。

全书共9章，其内容包括：走进基市从这里入门、基民怎么选择靠谱基金、开始进入基市购买基金、走进基金的组合投资、基金组合的深入了解、低风险的基金组合投资、中风险下的稳健基金组合、高风险高收益的基金组合投资，以及基金风险下的组合与投资。通过本书的学习，让投资人在了解基金投资的同时对于基金组合的构建有一定的认识。

本书适合广大基金投资的初学者、爱好者进行基金投资的入门学习，同时也可供基金投资的从业者、研究者以及高校师生参考阅读。

图书在版编目（CIP）数据

从零开始学基金投资 / 曾增编著 . —北京：中国铁道
出版社，2017.10（2022.1 重印）
（理财学院）
ISBN 978-7-113-23136-1

Ⅰ.①从… Ⅱ.①曾… Ⅲ.①基金-投资-基本知识
Ⅳ.①F830.59

中国版本图书馆 CIP 数据核字（2017）第 114653 号

书　　名：理财学院：从零开始学基金投资
作　　者：曾　增

责任编辑：张亚慧　　编辑部电话：（010）51873035　　邮箱：lampard@vip.163.com
封面设计：MXK DESIGN STUDIO
责任印制：赵星辰

出版发行：中国铁道出版社有限公司（100054，北京市西城区右安门西街 8 号）
印　　刷：佳兴达印刷（天津）有限公司
版　　次：2017 年 10 月第 1 版　2022 年 1 月第 2 次印刷
开　　本：700 mm×1 000 mm 1/16　印张：15.25　字数：219 千
书　　号：ISBN 978-7-113-23136-1
定　　价：45.00 元

前 言

近年来，投资理财已经成为人们日常生活中很平常的一件事情，比起传统的将资金存入银行获得为数不多的利息，人们更愿意通过股票、基金、黄金以及期货等投资方式来使自己获得更高的收益。其中，由于基金的低门槛与相对低风险而受到众多投资人的青睐。

基金的种类有很多，不同类型的基金风险性和收益性不同，这就使得初入基市的基民面对众多的基金品种感到眼花缭乱，不知道如何下手。本书从基金的基本知识入手，采取逐层递进的方式向投资人介绍有关基金投资的相关知识以及基金组合投资的内容，方便投资人对基金进行了解。

投资人都明白"不要将鸡蛋放进一个篮子"的道理，指的是将资金分散开来进行组合投资，在降低投资风险的同时，获得更高收益。本书首先讲解了基金的入门知识、怎样选择基金，以及怎样购买基金，然后重点对基金组合构建，以及不同风险下的基金组合情况进行了详细的介绍。帮助投资人在不同市场环境、不同风险以及不同收益追求的情况下，构建适合自己的基金组合。

本书在讲解上循序渐进，并且注重基金投资的实战应用性，通过大量实际的投资组合案例来进行投资分析，让投资人通过实例来加深对基金投资的印象，提高自己的投资技巧。

本书包括 9 章内容，具体章节的内容如下所示。

◎ 第一部分：第 1~3 章

　　本部分内容主要介绍了基金的相关基础知识，包括基金收益和费用、怎样选择基金、选择基金的技巧、购买基金的途径、封闭式基金的投资以及一次性投资和定投等知识，帮助读者快速了解基金。

◎ 第二部分：第 4~5 章

　　本部分内容主要讲解了基金组合的构建方法、常见的基金组合形式、如何调整基金组合、定期定投的基金组合配置，以及直接购买基金组合的方法等。其中，重点对基金组合构建方法进行了说明。

◎ 第三部分：第 6~8 章

　　本部分主要是对低风险、中风险以及高风险 3 种情况的基金组合情况进行了分析。其中，包括对各种风险进行介绍，然后对不同的基金，在不同的风险情况下进行组合配置分析。

◎ 第四部分：第 9 章

　　最后一部分主要是对基金投资存在的各种风险进行说明、对风险的规避方法，以及通过实例说明不同风险基金组合投资。

　　本书语言通俗易懂，采用理论知识与实际操作案例相结合的学习方式，帮助读者更好地将理论知识运用到实际投资中，避免了理论知识与实际操作脱离的尴尬情况。文中使用的案例故事，在丰富了基金投资相关知识的同时，又避免了读者对阅读产生乏味感，为本书增添了一定的趣味性。根据涉及的内容，本书的读者群定位在基金投资的初学者、爱好者以及具有一定投资经验的投资人。

　　最后，希望所有读者能够从本书中获益，在实际的投资中获得利润。由于编者能力有限，对于本书内容不完善的地方希望读者指正。

编　者
2017 年 7 月

目 录

C O N T E N T S

---

01 .PART.

走进基市从这里入门

随着经济的快速发展，人们的收入也跟着"水涨船高"，一些有投资意识的人开始看准基金这一投资方式。由于基金与股票相比，风险性较低；与银行定期存款相比，收益又较高。所以它得到了广大投资者的喜爱。

02
.PART.

基民怎么选择靠谱基金

　　股票型基金、债券型基金、混合型基金、货币基金……面对众多的基金种类，投资人要在其中选择一只基金或者几只基金进行投资，应该从哪些方面去考虑呢？本章将对基金进行多方面的分析，帮助投资人找到心仪的基金产品。

03
.PART.

开始进入基市购买基金

通过前文的介绍认识了基金，选择好基金之后就可以进入市场购买基金了。如今，基金的销售渠道越来越多样化，也给广大的投资者提供了多样化的选择空间，但是怎样才能方便、快捷以及省钱地买到心仪的基金产品，却成了众多投资者共同关注的问题。

04 .PART.

走进基金的组合投资

基金投资组合实际上是资产的动态配置和基金风格的互补，通过基金投资组合的形式来实现投资目标，也可以通过对基金组合的调整来适应行情的变化。

05
.PART.

基金组合的深入了解

　　基金组合的配置多种多样，配置得好就能够为基民带来高收益；反之，如果配置得不好，就会给基民带来巨大的损失。所以如何配置成了基金组合的关键，对于初入基市的基民来说，又该如何简单地购买基金组合。

06 .PART. 低风险的基金组合投资

对于偏爱低风险投资理财的投资人来说，怎样才能够在保障低风险的同时获得高收益成了关键。所以，怎么样来构建低风险的基金组合是这类投资人共同关注的重点。

07 .PART. 中风险下的稳健基金组合

中风险的基金组合投资在众多的投资组合中，比较受到青睐。大部分的投资人追求相对稳健的投资组合方式，能够在一定的风险之内，使资金得到稳定的增值。

08
.PART.

高风险高收益的基金组合投资

有这样一类投资人，稳健增值的投资方式已经不能够满足他们对于高收益的追求，他们渴望通过高风险的基金组合方式投资来获得高收益的可能性。这一类追求高风险的投资人就是激进型的投资人。

8.1 高风险激进型投资人 /172

8.2 高风险的基金组合 /175

09 .PART. 基金风险下的组合与投资

　　既然是投资理财就存在一定的风险性。但是对于投资人来说，有的风险是可以避免的，在能够避免的风险下进行一定程度的安全投资能增加投资人的资产获得高收益的可能性。

.01.
. PART.

基金
入门知识

基金的
收益与费用

选择基金
的原因

走进基市从这里入门

　　随着经济的快速发展，人们的收入也跟着"水涨船高"，一些有投资意识的人开始看准基金这一投资方式。由于基金与股票相比，风险性较低；与银行定期存款相比，收益又较高。所以它得到了广大投资者的喜爱。

1.1 基民入门小知识

　　"基金"这一投资理财产品对很多人来说并不陌生，但是很多新的投资人对它的了解却不多。虽然很多投资者想尝试投资，但是面对多种多样的基金产品又无从下手，因此错失了投资良机。下面就来具体介绍基金入门需要了解的知识。

1. 认识基金与私募基金

　　我们现在所说的基金一般是指证券投资基金，它既是一种投资方式，也是一种理财方式。

　　如果一个人有一笔资金，希望能够用来投资债券、股票等类型的证券，以实现资金的增值，但是自己对这类投资并不熟悉，也没有时间和精力去专研。同时，因为自己的资金不算多，所以就想找人一起合伙投资，将大家的资产集中起来，请一个投资高手来操作大家的资产进行投资增值。

　　因为投资行情并不是固定不变的，所以为避免大家都跑去咨询投资高手投资的情况，就需要从众人中选择一个懂投资的人来管理这件事，然后再定期从合出的资产中按照一定的比例提成给他，由他代付投资高手的劳务费用。除此之外，他还需要随时提醒投资高手规避风险，然后定期向大家公布投资的盈亏情况等。当然，他也不是白忙，提成中的钱也有他的劳务费用，这样就算是一个合伙投资。

　　如果将这种合伙投资的规模放大到100倍，甚至是1 000倍，就是基金了。

　　这种民间私下的合伙投资活动如果在出资人之间建立了完善的契约

合同就是私募基金。

如果这种合伙投资活动经过了国家管理部门的审批，允许这项活动的带头人向社会公开地募集投资人的资金，这就是公募基金，换句话说就是基金。

基金就是指基金发行人通过发售基金份额，将投资人的资金集中在一起，形成基金财产，并且将这些财产交给基金托管人负责托管，由基金管理人进行管理，然后以投资组合的方式进行证券投资。实际上就是一种利益共享与风险共担的集合投资方式。

2．基金管理公司和基金托管人的主要职责

在整个基金投资过程中会涉及基金管理公司和基金托管人，他们在基金投资过程中扮演着怎样的角色，而这个过程又是怎样运作的呢？先来看一下投资人、基金管理公司和基金托管人这三者之间的关系，如图1-1所示。

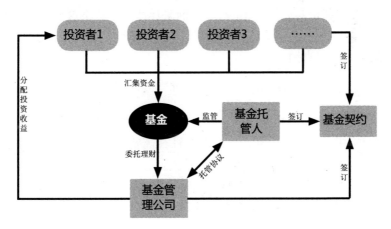

图 1-1 投资人、基金管理公司和基金托管人之间的关系

在关系图1-1中可以看到基金管理公司和基金托管人分别有不同的职责。其中基金管理公司的主要职责如下所示。

◆ 管理汇集资金，并委托经国务院证券监督管理机构认定的其他机构代为办理基金份额的发放、申购以及赎回等事宜。

◆ 根据基金合同约定确定基金收益的分配方案，及时向投资人分配收益。

◆ 计算并公告基金资产净值，确定基金份额申购和赎回价格。

基金托管人的主要职责有：保管基金的全部财产；根据基金管理公司的投资指示，办理基金名下的资金往来；监管基金管理公司的运作等。正是因为基金有专业的基金管理公司管理投资运作，又有信赖的托管，降低了资金的风险，所以才有了越来越多的基金投资人。

3．如何选择适合的基金购买渠道

随着时代的发展，基金的认购方式也出现多元化，如直销、代销、网络发售以及柜台签售等方式。其中投资人接触最多的还是基金公司直销、银行代销网点和证券公司代销网点，下面来具体介绍一下这几种购买渠道。

■ 基金公司直销

通过基金公司直销购买基金，可以通过网络完成开户、认购和赎回等操作，这样不仅不受时间地点限制，还省去了中间费用。但是如果一个投资人需要购买多家基金公司的产品时，往往需要在多个网站办理相关手续完成购买，相对来说较为烦琐。

■ 银行代销网点

银行代销的主要特点是银行网点较多，投资人存取款较为方便。但是一般通过银行网点购买的基金不能够享受申购优惠，且银行代理销售的基金品种有限，大多是以新基金为主。

■ 证券公司代销网点

证券公司代销的基金品种相对来说较为齐全，方便办理基金的转换业务操作。同时，现在的证券公司支持网上交易，操作快捷简单。另外，证券公司的客户经理常常会主动对产品做出介绍，投资人往往能够更加全面地了解基金的信息。但是证券公司的网点和银行网点相比少一些，而且首次办理业务需要到证券公司办理，开设资金账户之后才能完成基金的购买。不过通过证券公司购买的基金价格一般来说要高于通过基金公司直销购买的基金价格。

了解了不同的购买渠道之后，投资人需要选择适合自己的购买方式。一般来说，对于有投资经验的专业投资人来说，选择基金公司直销是较为正确的方式，能够直接地对基金产品进行专业的分析，实现自己对基金的管理。

对于初入基市的投资人来说，可以选择证券公司代销网点和银行代销网点。可以多听银行代理商和证券公司客户经理对基金产品的介绍分析，帮助自己完成投资。

4. 基金是怎么分类的

基金的种类众多，市面上的基金产品也是琳琅满目，不同的基金有不同的特点，投资人在购买基金之前需要对基金有一个基本的了解。

■ 根据基金的赎回方式分类基金

根据基金的赎回方式可以将基金分为开放式基金和封闭式基金。开放式基金指的是基金在设立时不固定基金的总额，投资人可以在基金合同约定的时间和场所内进行申购或赎回的一种基金。

而封闭式基金是指基金发起人在设立基金时就固定了基金单位的发

售总额，在基金募集期结束后，基金就宣告成立，并且在基金成立的同时将基金进行封闭。基金在封闭期内不再接受新的投资，同时投资人也不能够操作基金的赎回。

【提示注意】

与封闭式基金不同的是，开方式基金要求基金公司在每个开放日公布基金的单位资产净值，并且以基金单位资产净值为基础确定基金的交易价格，受理基金的申购和赎回业务。

■ 按照投资对象来区分基金

根据资产的投资对象不同可以分为股票基金、债券基金、货币基金和混合基金。《证券投资基金运作管理方法》规定，基金资产 60% 以上投资于股票的就是股票基金；基金资产 80% 以上投资到债券的，就是债券基金；仅投资于货币市场工具（如短期债券、央行票据以及同业存款等）的是货币基金；投资于股票、债券和货币市场工具，同时投资比例不符合股票基金和债券基金规定的就是混合基金。

在这几种基金中投资风险比较高的是股票基金，然后是债券基金和货币基金。

■ 以组织形式来划分基金

根据不同的组织形式，基金又分为公司型基金和契约型基金。公司型基金又称为互惠基金，是基金公司依法设立，以发行股份的方式募集资金，投资者通过购买公司股份成为基金公司的股东。公司型基金结构类似于一般股份公司结构，但是基金公司本身不从事实际运作，而是将其资产委托给专业的基金管理公司运作，金融机构托管。

契约型基金是由基金经理人与托管人之间签订信托协议而发行收益

单位。由经理人依照信托契约从事对信托资产的管理，由托管人作为基金资产的名义持有人负责保管基金资产。契约型基金将受益权证券化，即通过发行受益单位，使投资者购买后成为基金受益人，分享基金经营成果。契约型基金设立的法律性文件是信托契约，而没有基金章程。基金管理人、托管人和投资人三方当事人的行为，通过信托契约来规范。

■ 特殊类型的基金

除了前面介绍的几种基金之外，还有几种特殊类型的基金需要引起投资人的注意。

◆ **ETF**：Exchange-Traded-Fund，交易所交易的基金。ETF 通常采用的是完全被动式管理方法，以拟合某一指数为目标。它为投资人同时提供了交易场地以及申购、赎回两种交易方式。与封闭基金一样，投资者可以在交易所买卖 ETF，而且可以像股票一样做空和进行保证金交易。另外，也和开放式基金一样，投资人可以申购和赎回 ETF，但是在申购和赎回的时候，ETF 和投资人交换的是基金份额和"一篮子"股票。

◆ **LOF**：Listed Open-Ended Fund，上市开放式基金。LOF 是对开放式基金交易方式的创新，在发行结束后，投资人既可以在指定的网点申购与赎回基金份额，同时也可以在交易所买卖该基金。从产品的特性来看，LOF 与一般的开放式基金相同，只是增添了二级市场买卖这个交易渠道。

◆ **指数型基金**：指的是基金的操作按照所选定指数的成分股所占的比重，选择同样的资产配置模式投资，以获取和大盘同步利益的投资模式。

◆ **保本基金**：指通过一定的保本投资策略进行相应的操作，同时引入保本保障机制，保证基金投资者在保本周期到期时，能获得投资本金保证的基金。

1.2 基金投资的收益和费用

投资人在利用基金进行投资理财获得收益的同时，不可避免的会涉及各种申购费用和收益的计算，投资人掌握了收益的计算方法与费用的产生情况后，能够更好地进行投资。

1. 基金的收益和分红

投资人投资基金的收益回报主要来源于利息收入、股利收入和资本利得收入 3 种方式。

（1）利息收入是指基金投资与债券、商业本票以及可转让的定期存单等收入，其主要的收益就是利息。开放式的基金为了应付赎回的风险而提取的准备金，储蓄在银行也会产生一定的利息收入。

（2）当基金投资于股票，在基金管理运营管理期间，这些上市公司在每年年中或年底都可能向股东派发股利，而股利收入也是基金收益的主要来源之一。

（3）基金在供大于求，价格下跌时购入证券；而在需求旺盛，价格高位时卖出证券，所获得的价位差就是资本利得收入。

而当基金获利时，就会产生红利，将这些红利分配给投资人就是所谓的分红。而一般分红的方式又分为现金分红和红利再投。现金分红是在红利发放日，从基金托管账户向投资人的账户划分应得的红利，即向投资人直接发放现金；如果投资人不想要现金分红，可以将红利转化为相应的基金份额并计入投资人的账户中进行再投资，一般情况下，红利再投的基金会免收费用。

需要注意的是，有的基金分红方式是可以进行选择的。例如，投资人之前选择的是现金分红，然后想更换为红利再投，可以到办理基金业务的基金公司或代销机构营业网点进行变更手续。

但是，基金分红具有一定的条件，具体内容如图1-2所示。

1 基金当年的收益弥补以前年度亏损后才可以进行红利分配。

2 基金收益分配后基金单位净值不能丢面值。

3 基金投资当期出现净亏损，不能够进行分配。

4 基金成立不满3个月不能够进行红利分配，年度分配在基金会计年度结束后的4个月内完成。

图1-2　基金分红条件

2．基金的认购费和申购费计算

投资人在购买基金时有两种购买方式，分别是认购和申购。不同的购买方式涉及的费用也不同。

■ 认购

认购是指投资人在基金募集期按照基金的单位面值加上需要缴纳的手续费来购买基金的行为，认购的计算公式如下所示。

认购费用 = 认购金额 × 认购费率

净认购金额 = 认购金额 − 认购费用

■ 申购

申购是指投资人在基金成立之后，按照基金的最新单位净值加上手续费购买基金的行为，申购费用的计算公式如下所示。

申购费用 = 申购金额 × 申购费率

净申购金额 = 申购金额 - 申购费用

例如：申购金额 1 万元，申购费率为 1.5%，T 日基金份额净值为 1.5000 元。

则申购费用 = 10000.00 × 1.5% = 150.00(元)

净申购金额 = 10000.00 - 150.00 = 9850.00(元)

我国在《开放式投资基金证券基金试点办法》中明确指出，开放式的基金可以收取认购和申购费用，但是该费用不能够超过申购金额的 5%。现在市面上该费用率通常在 1% 左右，并且会随着投资金额的增大而相应地减少。

【提示注意】

就手续费用来看，认购基金费用一般情况下要低于申购基金费用。因为认购的基金是新基金，基金公司很多时候为了发行规模鼓励认购。但是投资人需要注意的是认购的基金有几个月的封闭期，在封闭期内没有运作效益，并且封闭期结束后，基金的运作水平也不得而知，所以投资人在认购时需要多做考量。

3. 费用的内扣法和外扣法

内扣法和外扣法是对基金申购费用和份额计算的两种计算方式。其中，外扣法针对的是申购金额，申购金额又包括了申购费用和净申购金额；内扣法针对的是实际申购金额，即从申购总额中扣除申购费用。

外扣法的计算公式如下所示。

净申购金额 ＝ 申购金额 ÷（1＋ 申购费率）

申购费用 ＝ 申购金额 － 净申购金额

申购份额 ＝ 净申购金额 ÷ 当日基金份额净值

内扣法的计算公式如下所示。

申购费用 ＝ 申购金额 × 申购费率

净申购金额 ＝ 申购金额 － 申购费用

内扣法主要用于基金认购时的基金份额计算，只是基金认购份额的计算与基金申购份额会有所不同。

基金认购份额 ＝ 净认购金额 ÷ 基金单位面值（一般是 1 元）

如果一个投资人用 2 万元的申购金额申购基金，申购费率为 1.5%，当日的基金面额净值为 2 元。

采用基金外扣法来计算：

基金净申购金额：20000÷（1+1.5%）=19704.43（元）

基金申购费用：20000 － 19704.43=295.57（元）

基金申购份额：19704.43÷2=9852.22（份）

采用内扣法来计算：

基金申购费用：20000×1.5%=300（元）

基金净申购金额：20000 － 300=19700（元）

基金申购份额：19700÷2=9850（份）

比较看来，基金外扣法中投资人所缴纳的申购费用要比内扣法少，而且申购的基金份额也要多一些。虽然从投资个人来看不是很明显，但是从基金公司的总体大数据来看，费用就较高了。

4．前端收费和后端收费

投资人在基金投资过程中会涉及前端收费和后端收费。前端收费是投资人在认（申）购基金时，需要缴纳的费用，一般来说，这笔费用会随着投资人的投资金额的增大而递减；后端收费是投资人完成投资，操作基金赎回时所缴纳的费用，通常这个费用会随着基金持有时间的增长而递减。

某投资人投资 3 万元购买了一只开放式股票基金，申购日基金单位净值为 1.08 元，前端收费申购费率为 1.5%，赎回费率为 0.3%。3 年后，基金实现净值翻倍，然后赎回基金。持有基金满 3 年，赎回费率为 0.2%，申购费率为 0.8%。

这时，如果采用前端收费。

手续费：30000×（1.5%+0.3%）=540（元）

基金份额：30000×（1 － 1.5%）÷1.08=27361（份）

如果采用后端收费。

手续费用：30000×（0.2%+0.8%）=300（元）

基金份额：30000÷1.08=27778（份）

可以看到，同样的投资，后端收费手续费相比前端收费手续费要低很多，基金份额也要多一些。同时，为了鼓励投资人长期持有基金，很多的基金公司推出了"后端收费"模式，如果投资人看好某只基金并且有长期持有的打算，可以考虑采用后端收费。如果投资人持有基金超过一定的年限，还可以免交相关的费用。

5. 需要知道的其他费用

投资人除了需要在购买基金时缴纳认（申）购费用外，在基金的运作过程中还有一些其他的费用需要投资人了解。主要是基金管理费用和基金托管费用。虽然费用不是向投资人直接收取，但是"羊毛"始终来自于羊身上，投资人也需要对这部分的费用有所了解。

基金管理费用和基金托管费用都是按日结算，按月收取。基金公司每天公布的净值中已经除去了这两项费用，基金管理费按照基金前一日的资产净值乘以 1.5% 的管理费年费率来计算。具体的计算公式如下所示。

每日应付的基金管理费 = 前一日该基金的资产净值 × 年管理费率 ÷ 365

例如，某只基金 6 月 1 日资产净值为 10 亿元，管理费率是 1.5%，那么该基金公司 6 月 2 日获得的基金管理费用为：

10 亿元 × 1.5% ÷ 365=41095.89（元）

到 6 月 3 日时，由于基金资产净值发生了变化，所以管理费也会随之发生变化，然后每天进行累计，到下个月月初由银行（托管机构）将资金划给基金公司。

基金的托管费用也是按照基金前一日的资产净值乘以 0.25% 的托管费年费率来计算。具体的计算公式如下。

每日应付的基金托管费用 = 前一日该基金资产净值 × 年托管费率 ÷ 365

由基金管理人向基金托管人发送基金托管费划付指令，基金托管人复核后于次月的前两个工作日内从基金资产中一次性支付给基金管理人。

1.3 为什么选择基金投资

> 如今市面上有很多的投资理财产品，例如黄金、期货、股票、债券以及基金等。投资人面对这些理财产品应该怎样来进行选择？基金在这些理财产品中具有什么样的优势？下面就来具体讲解一下。

1. 基金为什么如此受到关注

对于很多没有投资经验的投资人来说，基金确实不失为一种好的投资产品。它在很多方面都有着比较显著的特点，比较适合经验不足的投资人和没有太多时间与精力专研理财产品的投资人。

■ 资产集中，专业团队管理

基金是将众多投资人的资产汇集到一起完成的投资，比起个人单独投资优势明显。投资散户在进行投资时，常常会出现信息更新不及时以及投资组合构建不合理的情况。

但是，将资产交给专业的团队管理却可以很好地避开这种情况，基金公司雇佣的基金经理不仅拥有投资理论分析技巧，而且还有丰富的投资实战经验。

■ 基金投资门槛低

基金的投资门槛和其他的理财相比较低，它主要是将中小型投资者的资金汇集起来进行的投资理财操作。投资人可以根据自己的财产情况来合理地进行投资，一般来说，除去货币基金对金额没有要求外，其他的基金

100元或1000元就可以开始投资了。

■ 基金的流动性较强

开放式的基金可以随时按照基金的净值进行赎回操作，而封闭式的基金在封闭期内虽然不可以直接操作赎回，但是可以在二级市场通过买卖交易实现资产的变现。同时，开放式基金的基金管理人为了应对可能出现的大额资金赎回，一般不会将资金投资于难变现的资产，所以基金流动较强。

2．基金与其他理财产品的对比

面对金融市场中众多的理财产品，投资人应该对产品的特性多做了解，分析优缺点，才能够选择到适合自己的理财产品进行投资。

■ 股票与基金

股票是股份公司发行的所有权凭证，是股份公司为筹集资金而发行给各个股东作为持股的凭证，同时也是持股人获得股息金和红利的一种有价凭证。

下面以工银文体产业股票（001714）基金来进行分析，如图1-3所示为基金的历史净值走势。

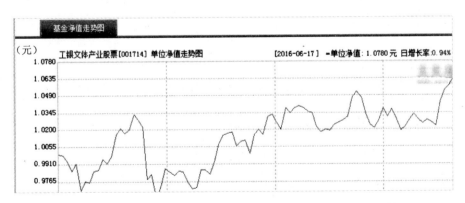

图1-3 工银文体产业股票（001714）基金的净值走势

如图 1-4 所示为工银文体产业股票（001714）基金的持仓组合。

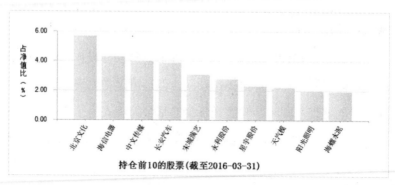

图 1-4　工银文体产业股票（001714）基金的持仓组合

如图 1-5 所示为各只股票在 2016 年 1 季度的涨跌幅。

序号	股票代码	股票名称	最新价	涨跌幅	相关资讯	占净值比例	持股数（万股）	持仓市值（万元）
1	000802	北京文化	-	-	变动详情 股吧 行情 档案	5.65%	63.81	1,726.80
2	600060	海信电器	18.10	10.03%	变动详情 股吧 行情 档案	4.25%	78.01	1,298.09
3	600373	中文传媒	19.80	0.10%	变动详情 股吧 行情 档案	3.98%	62.91	1,216.63
4	000625	长安汽车	14.06	0.00%	变动详情 股吧 行情 档案	3.87%	74.88	1,180.86
5	300144	宋城演艺	23.81	1.23%	变动详情 股吧 行情 档案	3.06%	31.97	935.36
6	300230	永利股份	28.24	-1.94%	变动详情 股吧 行情 档案	2.77%	30.89	846.12
7	601799	星宇股份	45.07	-0.73%	变动详情 股吧 行情 档案	2.30%	19.67	701.43
8	002510	天汽摸	7.20	-1.37%	变动详情 股吧 行情 档案	2.21%	48.58	674.29
9	600261	阳光照明	7.13	1.71%	变动详情 股吧 行情 档案	1.99%	75.15	606.46
10	600585	海螺水泥	14.40	1.19%	变动详情 股吧 行情 档案	1.94%	35.15	593.68

工银文体产业股票 2016年1季度股票投资明细　　截止至：2016-03-31

图 1-5　基金前 10 股的股票涨跌幅情况

可以看出这只基金中的大部分股票呈现上涨趋势，其中有 3 只股票呈现下跌趋势。但是由于这 3 只股票的持有比重不是很大，所以即使投资有所亏损，但就基金的整个大数据来看，对基金的整个收益情况影响不是很大，基金在 2016 年的 1 季度中整个收益还是上涨的，如图 1-6 所示。

图 1-6 基金 2016 年 1 季度涨幅

如果投资人在这个时间段投资股票单独购买永利、星宇以及天汽模，亏损明显较大。所以基金和股票相比最为明显的区分就在于组合投资的形式，能有效地分散资产的风险。但是并不是说股票的收益就会小于基金的收益，相反，风险与收益是成正比的，股票承担了较高的风险，它的收益也较高。例如，同一时间段内，如果投资人将全部的资产投资于海信电器这只股票，它的收益就远远大于基金的收益。

■ 期货、外汇与基金

期货的英文单词是 Futures，是由"未来"一词转化而来的，指的是交易双方不必在买卖发生的初期即交收实货，而是共同约定在未来的某一时间交收实货，因此被称为"期货"。期货是以某种商品或者金融资产为标的物的标准化可交易的合约。这个标的物可以是黄金、原油或农产品等，也可以是金融工具股票、债券等。

外汇指的是货币行政当局以银行存款、财政国库券及长短期政府证券等形式保有的在国际收支逆差时可以使用的债权。

期货和外汇的投资风险都较大，因为期货和外汇采用的都是保证金交易机制，缴纳一定的保证金之后，就可以买到数倍的金融产品，形成杠杆交易。但是与期货相比，基金的风险就小了很多，不仅有专业的团队来组合投资，还有负责保管资产的金融机构。

■ **理财产品的风险对比**

不同理财产品的风险性是不同的，投资人在投资之前有必要对不同理财产品之间的风险程度做一个分析。同时需要明白风险与收益是成正比的，风险较高，收益也较高，如表 1-1 所示。

表 1-1　各种理财产品的收益、风险对比表

理财产品	优势	劣势	风险性
基金	1. 组合投资，分散风险 2. 适合长期性投资 3. 交易灵活，套现容易	1. 部分基金经理更换频繁 2. 基金走势受股市影响较大	中
股票	1. 操作简单，套现容易 2. 选择有潜力的股票，可以获得较高收益	1. 价格不稳定 2. 求偿权居后 3. 需要实时关注盘的变化	高
期货	1. 双向机制，能够买涨也能买跌 2. T+0 的交易，开仓后可以立即平仓 3. 保证金制度，杠杆效应。	1. 需要实时盯盘 2. 需要资金量较大，账户中存入 50 万元保证金才能开户 3. 杠杆效应，风险大	很高
保险	1. 提供保障功能 2. 降低风险	1. 规避风险的机构，不是专业的理财机构 2. 退出费用高 3. 国家规定保险主要投资于债券	中
债券	1. 投资风险小，国债收益稳定 2. 国债免征利息税 3. 购买成本低	1. 投资收益率较低 2. 周期长 3. 利率风险	低
储蓄	1. 储蓄是每个家庭不可或缺的资产 2. 安全性最强	1. 投资收益较低 2. 长期来看，由于通货膨胀，这种收益是负收益	低

3．实例分析，在基金中学会理财

虽然生活中关注投资、有投资意识的人越来越多，但是他们对"理财"这一词的了解并不多，有的甚至单纯地认为理财就是股票。

小章和很多"90 后"一样，是个月光族，从来没有攒钱的意识。所以毕业工作 3 年后，还是没有一点积蓄。2012 年时，小章参加了一个高中同学会。没想到几年不见，同学们都有了很大的变化。大部分同学都和她一样参加了工作，只有几个同学还在读书深造。小章在和大家交谈的过程中发现，虽然大家的工资收入水平差别不大，但是那些和自己差别不大的同学中有的已经买车买房了，就连还在深造读书的小李也按揭买了房。

通过交谈，小章发现原来同学们都在理财，有的甚至从大学就开始理财了。小王大学期间一直在做兼职，兼职的工资用来日常开销，家里每个月给的生活费按时做基金定投，几年下来，也攒了一些钱。而小李在读研究生时，就和教授一起做课题研究，时常会写一些论文发表，增加收入。而且小李深知银行的通货膨胀，所以没有选择将资金存在银行，反而将资金做了投资理财。由于对股票研究不多，平时还要上课，没有太多的精力和时间放在股票上，所以小李更多的是购买基金。

经过同学会之后，小章渐渐了解到投资的重要性，于春节之后就购买了自己的第一只基金。一年后，小章不仅结束了自己月光族的生活，还和大家分享起了她的投资经验。

◆ 做好工资计划，合理分配

小章在绵阳工作，一个月工资在 5000 元左右。除去 1500 元左右的房租和水电，1000 元的生活费。每个月定投基金 1000 元，银行存款 1000 元，剩下的钱做生活备用。

◆ 理财要坚持，不跟风

很多人在投资初期没有投资经验，往往是看到别人投什么就跟着投什么，没有自己的想法。投资需要自己制定一个目标，在目标的基础上合理地进行投资。很多产品都是需要经过长时间的投资才能够看到收益，所以投资理财更多的是贵在坚持。小章每个月坚持基金定投 1000 元和银行存款 1000 元就是她的理财观念。

◆　基金理财从市场低迷，大部分人恐惧时开始

在基金理财中亏损最多的往往是在市场较好大家热衷时进入，而在市场低迷时退出的人，而凡是在市场十分萧条时开始基金理财的人，大多都有较好的收益。股神巴菲特说过："在皮鞋匠也热衷炒股时退出，在市场低谷时敢于进入。"小章在购买基金的过程中，经历过一段市场低迷期，基金净值每日下跌，很多人都赎回退出，但是小章一直坚持，没有动摇。

在这一年的理财过程中，小章改变了很多。以前很多朋友都笑称她为"职业剁手党""包包控"，开始理财之后，小章慢慢控制自己的购物欲，将更多的时间、精力放在了专研基金上面。现在，小章开始慢慢有了自己的存款，对以后的资产也有了更多的理财规划。

.02

. PART .

認识自己
再选基

多做了解
精选基

紧追行情
来选基

大盘、基本
面选基

选基
技巧

基民怎么选择靠谱基金

　　股票型基金、债券型基金、混合型基金、货币基金……
面对众多的基金种类，投资人要在其中选择一只基金或者几
只基金进行投资，应该从哪些方面去考虑呢？本章将对基金
进行多方面的分析，帮助投资人找到心仪的基金产品。

⊛ 2.1 认识自己再选基金

> 购买基金之前投资人首先需要对自己有一个清楚的了解，以及希望通过投资获得一个怎样的目标。对自己清楚认知之后，根据个人的需求来正确、合理地选择适合的基金。

1. 根据自己的性格来选基金

这里讲到的"性格"指的是投资人需要在投资之前了解自己的投资类型，即你是属于激进型、稳健型还是保守型投资人？不同性格的投资人选择的基金也不同。

激进型的投资人偏好股票型基金，追求高收益，接受风险的程度较高；稳健型的投资人更渴望稳定增长，偏好债券型基金的投资，可以接受一定程度的风险；而保守型的投资人比起追求收益更渴望稳定，接受风险的能力较低，所以他们一般偏向于稳定的货币基金，在资金稳定的情况下能够有所收益。

既然投资人的性格决定着投资人选择基金的种类如此重要，那么，应该怎样来判断投资人的投资类型呢？虽然现在网络上有的基金购买平台会让投资人在投资之前做一个测试题，通过测试结果来判断投资类型，但是因为平台的侧重点不同，结果有时会有些差别。下面以中国工商银行股价有限公司（以下简称工商银行）网上银行为例，介绍一个测试结果相比其他软件要精准些的平台。

Step01 进入工商银行官方网站首页（http://www.icbc.com.cn/icbc/），单击"个人业务"选项卡，在下拉菜单中单击"理财"超链接。

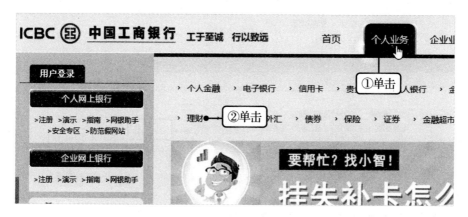

Step02 在打开的页面下方, 在"理财规划"栏中单击"家庭财务健康诊断"
按钮。

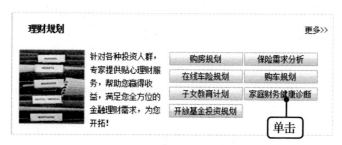

Step03 在定制页面中输入基本情况, 然后单击"下一步"按钮。

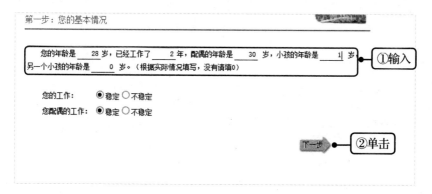

Step04 在确定风险偏好页面中, 单击"进行风险测试"按钮, 然后单击"下
一步"按钮。

理财学院：从零开始学基金投资

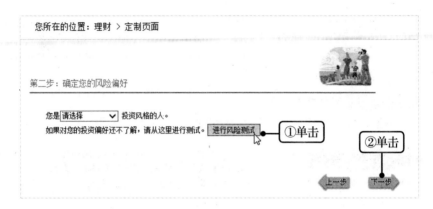

Step05 完成页面中的风险偏好测试题目，单击"确定"按钮。

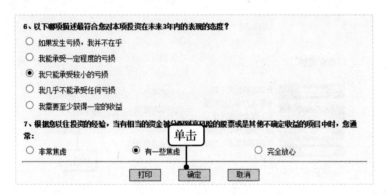

Step06 页面自动回到风险确定页面，并显示测试结果。在页面中可以查看你的投资类型、风险承受能力和获利期待等内容。

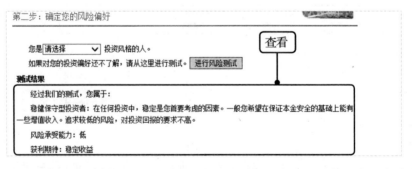

测试结果是一个帮助投资人选择基金的辅助工具，具有一定的参考价值。一般投资人根据测试结果来选择基金，更具科学性。

2. 根据个人财富来选择基金

以前说投资理财是有钱人做的事情，但是现在投资理财却成为了一种全民性的活动，投资人可以根据自己手中资金的多少来选择不同的基金做投资。但是在理财之前，需要合理地规划个人的资产。

◆ **保证必要的资产流动性**：它包括活期存款和定期存款。一般情况下，这些资金应该至少是收入的 3 倍，但一般家庭所持有的倍数都应比这个高，尤其是现下的中年人家庭，上有老下有小，所以这个倍数依据各家的情况自行决定，用以满足日常开支、预防突发事件及投机性的需要。

◆ **合理的消费支出**：理财的首要目的是达到财务状况稳健合理。实际生活中，学会省钱有时比寻求高投资收益更容易达到理财目标。建议通过规划日常消费支出，使家庭收支结构大体平衡。一般来讲，家庭负债率不能超过 30%。

◆ **完善的风险保障**：人的一生中不可避免地会遇到一些突发情况，应通过风险管理与保险规划，将意外事件带来的损失降到最低，更好地规避风险，保障生活。

做好投资资产的规划之后就可以根据投资资产的数量来选择适合的基金。对于初入职场资产不多的年轻的投资人，可以选择货币基金或基金定投，最少 100 元就能够购买。这类基金的流动性较强，风险较低，赎回基金后，资金隔天就能到账。投资金额在 5 万元左右的投资人可以考虑债券型基金或混合型基金等，这类基金较稳定，风险较低，属于稳定增长类型。投资金额在 5 万元以上且有一定风险承受能力的投资人，可以考虑风险稍高一些的股票类型的基金，这类基金的收益较高。

3．从目标和期限确定基金

每个投资人的投资目标与期限都是不同的，根据投资目标的不同，基金可分为成长型基金、收入型基金和平衡型基金。

一般来说，成长型基金以追求资金的长期收益为投资目标，主要投资于成长型公司的股票，这种股票的价格预期上涨速度快于一般公司的股票，它可以分为稳定成长型基金和积极成长型基金；收入型基金比较受到保守投资人以及退休投资人的欢迎，这类投资人的投资目标是当期收入，并且希望能够保住本金；平衡型基金是以支付当期收入和追求资本的长期成长作为共同目标的投资基金。平衡型基金在以取得收入为目标的债券及优先股和以资本增值为目标的普通股之间进行权衡，通常这类基金稳定性较好，股利和股息都较高，但是成长的权利不是很大。

明确了投资目标，投资人还需要明确自己的投资期限，不同的理财目标会决定不同的投资期限。而投资期限的不同，也会决定承受不同的风险水平。

理财目标的期限分为短期、中期和长期，短期一般指3个月以内，如果3个月之后需要用到的资金不能用来做高风险投资，可以投资一些风险较低的开放式货币类的基金，赎回方便，资金到账较快；中期一般指1～2年，如之后要用的资金，因为时间相对来说不是很急并可以承受移动范围内的风险，可以购买一些稳健型的基金产品；长期一般指3～5年，如之后要用的资金可以承担更高一些的风险，可以购买一些股票类型的基金。

投资人只有确定了自己的投资目标和投资期限，才能更全面地选择适合自己投资的基金产品。

2.2 多做了解精选基金

> 面对众多的基金产品，除了要对自身的投资情况有了解之外，还需要对即将投资的基金做多方面的了解。但是基金的信息量较多，投资人考察基金适不适合自己应该从哪些方面入手呢？下面来具体介绍。

1. 基金公司多了解

目前国内的基金公司较多，比较为投资人熟悉的有华夏、嘉实、博时、广发以及易方达等。除了比较老牌的基金公司，还有新创不久的基金公司；有资金雄厚的大型基金公司，也有灵活操作的小型基金公司；有中资基金公司，也有中外合资的基金公司。一般考察这些基金公司主要从以下几个方面入手。

■ 基金的综合业绩

选择基金公司要看公司的基金产品是否丰富，看投资团队是否经历过熊市的考验。一般情况下，一个基金公司旗下有很多的基金产品，不要单看某一只基金的业绩发展情况，应该从整个公司的基金发展情况大数据来看基金公司的管理水平。个别发展较好、表现突出的基金不能代表基金管理者的管理水平，只有整体业绩优良才能够证明管理者的能力。对于基金公司的综合业绩查看可以通过查询基金公司排行榜来实现，尽量选择排名靠前的基金公司，如图 2-1 所示为 2015 年基金公司排行榜中位列前 10 的基金公司。

排名	基金公司名称	成立时间	基金数	管理基金规模	评级	总经理
1	天弘基金	2004/11/8	28	5897.97亿元	暂无评级	郭树强
2	华夏基金	1998/4/9	64	3121.05亿元	★★★	滕天鸣
3	工银瑞信基金	2005/6/21	74	2541.09亿元	暂无评级	郭特华
4	嘉实基金	1999/3/25	85	2454.19亿元	★★★★	赵学军
5	易方达基金	2001/4/17	90	2085.24亿元	★★★	刘晓艳
6	南方基金	1998/3/6	79	1950.82亿元	★★★	杨小松
7	中银基金	2004/8/12	57	1609.56亿元	★★★★	李道滨
8	广发基金	2003/8/5	79	1270.61亿元	★★★	林传辉
9	建信基金	2005/9/19	65	1211.32亿元	★★★★	孙志晨
10	招商基金	2002/12/27	67	1158.06亿元	暂无评级	许小松

图 2-1　2015 年基金公司排行榜

■ 基金公司产品的类型

我们都知道基金的种类有很多，投资人也往往选择产品丰富的基金管理公司，因为这样不仅能够帮助投资人在投资时尽可能多地进行组合调整，还能在市场发生变化时及时调整资金到相对安全的产品上。所以投资人在考察基金公司时，应该同时关注基金公司是否具备健全与完善的基金产品体系，方便投资人进行投资和资金的调整配置。如图 2-2 所示为华夏基金公司的产品。

个人用户	机构用户	¥ 货币型	债券型	混合型	股票型	
		基金名称	日期	(百)万份收益	七日年化收益率	
¥ 货币型基金 ▶		华夏现金增利货币A/E	2016-06-22	0.3590	2.255%	
债券型基金 ▶		华夏现金增利货币B	2016-06-22	0.4253	2.501%	
混合型基金 ▶		华夏财富宝货币	2016-06-22	0.5833	3.125%	
股票型基金 ▶		华夏薪金宝货币	2016-06-22	0.7205	3.397%	
指数型基金 ▶		华夏货币A	2016-06-22	0.6114	2.193%	
理财型基金 ▶		华夏货币B	2016-06-22	0.6768	2.436%	
中港互认基金 ▶		华夏保证金货币A	2016-06-22	0.4818	1.793%	

图 2-2　华夏基金公司的产品

■ 基金公司的投资风格

投资风格指的是机构或者个人在构建投资组合和选择基金的过程中表现出来的理念、操作以及风险意识等外部表现的总称。基金公司的投资风格就是旗下基金经理的投资风格，这种风格会在基金上面具体地表现出来。

因为基金公司的侧重点不同，所以基金公司的投资风格差异也会较大。具体来说就是在擅长的领域，该基金公司的基金净值增长明显，基金产品收益率表现突出，发展较好。所以投资人可以在自己选择好投资基金类型之后，根据排行榜来查看基金公司，重点了解该类型公司。如投资人追求高收益，考虑股票类型的基金，就可以查询所有股票基金收益排行榜，如图 2-3 所示。

	基金代码	基金名称	一月↓	一季	半年	一年	今年以来	成立以来
□	590008	中邮战略新兴产业股票	18.29%	8.99%	39.68%	125.14%	93.68%	102.40%
□	150072	盛世B	16.32%	16.71%	21.61%	136.28%	75.30%	73.90%
□	150153	富国创业板B份额	15.68%	---	---	---	---	1.80%
□	150097	招商中证商品B	12.40%	-2.73%	-27.63%	-10.92%	-37.66%	-43.01%
□	150070	国联安双力中小板B	12.23%	10.10%	2.71%	113.37%	45.63%	10.10%
□	150029	信诚中证500指数分级B	11.70%	12.98%	3.50%	124.24%	42.31%	-40.80%
□	240004	华宝兴业动力组合股票	11.69%	5.19%	4.51%	39.61%	14.37%	293.46%
□	080012	长盛电子信息产业股票	11.26%	9.69%	24.92%	99.81%	74.73%	63.95%
□	150089	金鹰中证500指数分级B	11.02%	8.56%	-2.56%	81.22%	26.07%	11.16%

图 2-3 股票型基金收益排行榜

这时投资人可以根据排行榜中表现较好的基金来了解该基金公司，并考虑公司内的其他同类型的基金产品。需要一提的是，基金的净值每日都在变化，投资人要了解基金公司的投资风格需要将数据时间轴拉长，短的时间段内的基金变化会存在一定的偶然性和其他外部因素。只有长时间保持稳定，表现良好的基金才能够说明该公司的投资风格。所以最好是根据基金公司成立以来的收益变化来分析。

2. 基金经理的选择不可忽视

基金经理是受基金管理人（基金公司）的委托，对基金进行管理和运作的负责人，可以说每一只基金都是由一个基金经理或者一组基金经理去决定该基金的组合以及投资的策略，所以基金经理往往是投资人购买基金能不能够获利的关键。

一个经验丰富、知识全面和信息及时的经理往往会有较好的业绩，也能够给投资人带来高收益。所以，这时候选择一个好的基金经理就显得尤为重要。如何选择一个好的基金经理主要从以下 4 个方面来考察。

◆ **专业知识**：一个好的基金经理应该具有一定的专业知识，良好的专业知识是管理资产投资的基本保障。

◆ **管理经验**：投资人选择新基金时，没有过去的业绩作参考，不能判断，但是基金经理却可以查看管理基金历史的业绩，从而了解基金经理的管理水平。投资人可以从招募说明和基金网站上面来获得基金经理的相关信息介绍。

◆ **投资风格**：不同基金经理有不同的投资风格，投资风格应该与基金投向一致。了解了基金经理的投资风格之后可以大致地判断出新基金的投资方向，从而对基金未来的收益和风险有一个预估。

◆ **职业道德**：基金经理手中管理着投资人的大量资金，所以基金经理人的职业道德是很重要的。基金经理人是否以广大投资人的利益为重，是否有违规操作的记录是投资人考虑的关键。曾经有过建"老鼠仓"及其他违规操作记录的基金经理人，即使管理水平再高，也应该坚决抵制。

【提示注意】

"老鼠仓"指的是基金经理或其他投资决策人在用募集来的公共资金拉升股价之前,先通过自己人(如机构负责人、操盘手以及亲属等)在低位建仓,待用公共资金拉升到高位后,先让自己人卖出获利。这样一来,最后亏损的是公共资金,损害的是广大投资人的利益。

另外,基金公司也会对基金经理做出评级。投资人可以查询基金经理的评级情况,将评级作为一个选择基金经理的参考数据,优选级别较高的基金经理,如图 2-4 所示为基金经理评级。

基金名称	基金分类	基金规模 (亿元)	晨星评级 (三年)	基金经理 [累计公募任职]	任职时间
安信灵活配置混合	标准混合型基金	-	★★★☆☆	占冠良 [3年70天]	204天
安信目标收益债券 - A	普通债券型基金	-	★★★☆☆	张翼飞 [2年89天]	100天
安信目标收益债券 - C	普通债券型基金	-	★★★☆☆	张翼飞 [2年89天]	100天
安信平稳增长混合发起A	灵活配置型基金	-	★★★★☆	陈一峰 [2年63天]	100天

图 2-4　基金经理评级

3. 以基金年报来选基金

基金年报指的是每一个年度之后,所有的基金都会公布其上一年度的报告。通过对年报的了解,投资人可以分析基金的盈利情况,从而找到适合的基金进行投资。因此,对投资人来说基金年报是重要的选基依据。

对于基金,很多投资人除了对基金净值、增长率以及费用有所了解外,其他的知之甚少。通过对年报的阅读,投资人能够快速地掌握该基金的管理、组合特点以及投资风格等,获得有价值的信息,从而帮助投资人对基金进行选择。如图 2-5 所示,为国泰中国企业债券型基金 2015 年度报告目录的部分内容。

图 2-5　国泰中国企业债券型基金 2015 年度报告节选

可以看出，年度报告中包含基金简介、财务情况、管理人报告、托管人报告以及审计报告等内容，往往一份基金年度报告有几十页的内容。投资人面对大量的基金信息和专业的术语往往不知如何下手，也时常因为大量的文字太枯燥而不能完整地看下去。

其实对于投资人来说年报虽然很重要，但是没有必要全部阅读，只需要知道对投资有用的部分就可以了，而其他的内容可以大致地了解一下。一般来说，年度报告的第 3 部分是主要财务指标、基金净值表现以及利润分配情况。这部分内容比较重要，投资人可以查看基金过去一年的业绩表现。下面以国泰中国企业债券型基金为例来分析，如图2-6所示。

3.1 主要会计数据和财务指标

金额单位：人民币元

3.1.1 期间数据和指标	2015 年	2014 年	2013 年 4 月 26 日（基金合同生效日）至 2013 年 12 月 31 日
本期已实现收益	1,795,109.77	165,285.24	9,328,881.52
本期利润	12,869,524.84	1,532,313.59	6,603,107.96
加权平均基金份额本期利润	0.1877	0.0123	0.0106
本期基金份额净值增长率	14.22%	1.08%	1.60%

图 2-6 基金近 3 年的财务指标

财务指标一般包括近 3 年的会计数据，通过这 3 年数据的发展情况，投资人可以看到基金的发展形势。其中"本期利润"指的是这一年度内这只基金为投资人创造的利润具体值。而如图 2-7 所示的内容，能够使投资人更加直观地查看基金的单位净值变化情况。

3.2.1 基金份额净值增长率及其与同期业绩比较基准收益率的比较

阶段	份额净值增长率①	份额净值增长率标准差②	业绩比较基准收益率③	业绩比较基准收益率标准差④	①-③	②-④
过去三个月	5.68%	0.28%	4.05%	0.21%	1.63%	0.07%
过去六个月	8.61%	0.40%	8.47%	0.33%	0.14%	0.07%
过去一年	14.22%	0.36%	11.39%	0.29%	2.83%	0.07%
自基金合同生效起至今	17.30%	0.29%	16.13%	0.29%	1.17%	0.00%

图 2-7 基金份额净值增长对比

　　通过图 2-7，可以纵向查看到基金在某一时间段的业绩表现，投资人查看表格一般关注两个数据，一个是基金的收益率，另一个是基金收益率和业绩比较基准收益率差值。而横向来看，可以查看基金在不同时间段的收益，能够从短期、中期和长期来全面查看基金业绩的表现情况。一般这样的表格之后会伴随图片，将基金与业绩基准做比较，如图 2-8 所示。

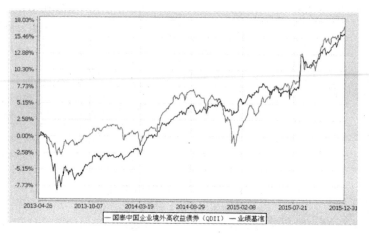

图 2-8　基金与业绩基准的对比

　　由图 2-8 可以看出，这只基金虽然从 2013 年 4 月 26 号到 2015 年 1 月左右是高于业绩基准的，但是在 2015 年 1 月之后到 2015 年 6 月左右低于业绩基准，之后有所好转，基金的上涨和下跌基本一致。

　　接下来是年度报告的第 4 部分"管理人报告"。这部分是管理人对于基金的说明，主要包括管理人对报告期内的基金运作情况说明、基金投资策略和业绩表现说明、对基金利润分配情况说明以及基金估值程序等事项的说明，对投资人来说比较重要。

　　投资人首先可以查看"管理人对报告期内基金的投资策略和业绩表现的说明"这部分内容。通过这部分内容的阅读，可以清晰地了解到基金经理人的投资风格以及基金的表现情况。如图 2-9 所示是国泰中国企业债券型基金的年度报告的管理人报告部分节选内容。

4.4 管理人对报告期内基金的投资策略和业绩表现的说明

4.4.1 报告期内基金投资策略和运作分析

2015 年上半年中国企业境外高收益债市场出现两极。房地产债经过佳兆业违约事件影响，处于市场恢复期。政府逐渐减少限购措施，房地产行业销量不断改善，房地产债价格不断回升。但是其他行业，尤其是能源行业的债券，随着油价持续下跌。我们在操作时适时地增加了房地产债在组合中的比重。

进入三季度以后，基金的净值增长非常快。主要原因是房地产债的价格继续大幅反弹。这里有两个非常重要的基本面变化：首先，房地产企业原来是不允许在国内发债的。因此资质较好的房地产企业纷纷在海外发展。从三季度开始，政府允许房地产开发企业在境内发行债券，而且债券收益率远远低于其在海外发行的债券。房地产开发企业在境内发债，大大缓解了其流动性的紧张，而且降低了融资成本，对于这些企业现存的美元债也有很大的提振作用。

另外，2015 年 8 月人民币开始进入贬值通道，改变了以前人民币持续升值的趋势。人民币升值造成美元资产的相应贬值一直是投资海外美元债的一个弱点。但是人民币的贬值使这个弱点变成了优势。不仅使高收益债基金的净值相应提高，也提高了长期投资者的兴趣。进入四季度，尤其是进入 12 月，人民币贬值不断加剧，吸引大量资金进入中国企业境外美元债市场，尤其是房地产债。这些债券的价格不断上涨，推动基金净值上涨明显。

4.4.2 报告期内基金的业绩表现

本基金 2015 年净值增长率为 14.22%，同期业绩比较基准收益率为 11.39%。

图 2-9　国泰中国企业债券型基金的管理人报告

从图 2-9 中可以看到基金管理人在这一年度是怎么操作基金的，以及这样投资的原因是什么。然后给出了基金的业绩表现报告，净值增长率为 14.22%，同期业绩比较基准收益率为 11.39%。清楚的数据能让投资人明确基金的表现情况，帮助投资人对基金进行分析。

投资人从管理人报告中的"管理人对宏观经济、证券市场以及行业走势的简要展望"，可以看到基金管理人是怎么想的，对于未来管理人是如何打算的。对于有投资想法的投资人来说，这一块内容的阅读就显得很有必要了。

最后是年度报告中的第 8 部分"投资组合报告"。投资人将资金投进去之后，最为关心的还是钱去了哪里，资产是怎样配置的，买了多少股票，又买了多少债券，这些在这一部分都可以得到答案。

投资组合报告中包含了基金资产组合的情况、期末投资目标明细以及期末按照行业分类的权益投资组合等内容，另外还有债券、金融衍生产品以及股票等投资介绍。

如果投资人有一定的财会基础，想了解得更详细，还可以查看基金年报的第 7 部分"年度财务报表"，此部分记录了这只基金过去一年详细的收支明细。

4．通过历史业绩选择基金

评断一只基金是否具有投资价值可以将基金的历史业绩作为参考，基金的业绩就是投资收益。基金的历史业绩包含了很多的信息，可以从以下几个方面来进行分析。

■ 业绩是否达到预期

每只基金在发起募集资金时，都会公布基金的业绩基准。但是投资者往往只关注到了投资收益、费用以及基金类型等信息，而忽略了这一信息。

其实，基金的业绩基准可以很好地判断一只基金的好坏，一般来说基金的上涨和下跌应该与业绩基准相一致。

如果一只基金收益大幅度低于它的业绩基准，可以判断该基金没有产生良好的收益；相反，如果基金大幅度高于业绩基准，则该基金资产得到了良好的增值，如图 2-10 所示，为国投瑞银新兴产业混合基金收益率与基金准线的对比图。

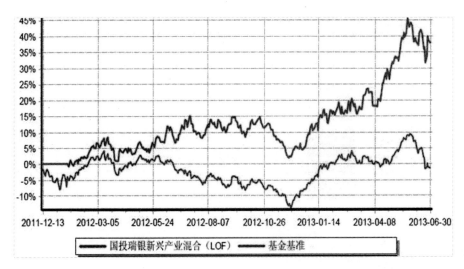

图 2-10　国投瑞银新兴产业混合基金收益率与基金准线的比较

由图 2-10 可以看到，基金从 2012 年 5 月 24 日开始大幅度高于基金基准，说明这只基金在此期间产生了比较好的收益，管理人操作得比较好，基金的表现突出。如果投资人在此期间投资会有比较好的收益。

■ **基金的评级**

其实投资人对基金的了解很不全面，因为一般投资人都不是专业的，投资人在很多情况下也只是利用业余的时间进行投资，所以对于基金的评价也常常只是通过对基金公司冰山一角的认识或者根据周边人的反映而得出的结论。

这样往往不能够真正地选择到适合的基金公司，既然投资人自己不是很专业，那么就可以参考国内权威基金评级机构对公司的评级结果来做选择。例如，中国银河证券基金研究中心、晨星基金评级等。

通常基金评级最高为 5 颗星，最低是 1 颗星，评级越高则反映出该基金公司越可靠。现在很多基金平台都有类似的评级可以查看，例如天天基金网以及和讯网等，如图 2-11 所示是和讯基金网中基金公司的评级情况。

基金简称	晨星评级(三年)	海通证券评级	银河证券评级	上海证券评级	招商证券评级	济安金信评级	大相股级评级
华安动态灵活配置	★★★★★	★★★★★	★★★★★	★★★★★	★★★★	★★★★	AAAA
华安科技动力	★★★★★	★★★★★	★★★★★	★★★★	--	★★★★★	--
华安逆向策略股票	★★★★★	--	★★★★★	--	--	★★★★★	--
博时沪深300指数A	★★★★★	--	--	--	--	★★★★★	--
博时信用债券A/B	★★★★★	★★★★★	★★★★★	★★★	★★★★	★★★★★	--
深证200ETF联接	★★★★★	--	--	--	--	--	--
博时信用债券C	★★★★★	★★★★★	★★★★★	★★★	--	★★★★★	--
嘉实理财宝7天债券B	★★★★★	★★★★	--	--	--	★★	--
长盛电子信息产业	★★★★★	★★★★★	★★★★★	★★★★★	--	★★★★★	--

图 2-11 和讯网基金评级

■ 业绩与大盘走势的比较

对于股票基金来说，其投资收益与股票大盘走势紧密相连。如果一只股票型基金在某段时间内投资收益比大盘还低，那么说明这只基金的运作较为失败，没有投资的价值；相反，如果这只股票基金某时间段内投资收益高于大盘，则说明这只基金业绩较好，具有一定的投资价值。如图 2-12 和图 2-13 所示为 2016 年上半年的大盘走势和招商中证煤炭等权指数基金的单位净值走势。

图 2-12 2016 年上半年大盘走势

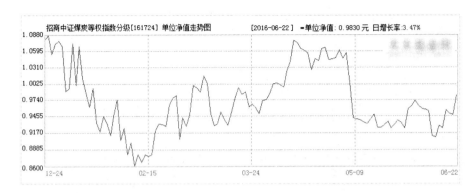

图 2-13　招商中证煤炭等权指数基金 2016 年上半年净值走势

　　将图 2-12 与图 2-13 进行对比可以发现，招商中证煤炭等权指数基金随着大盘的上涨而上涨，也随着大盘的下跌而下跌。大盘上半年的涨幅在 - 12.3%，而基金上半年的涨跌在 - 11.2%，受到大盘的影响而下跌，不过仍然高于大盘涨幅，可持观望态度。

■ 基金业绩的历史回报率

　　能够长期带来稳定收益的基金才是好的基金，而判断一只基金现在适不适合投资，不应该仅仅只关注某一个特定时间段的表现，应该将时间段拉长来看。例如，最近几年的历史回报率整体呈现出一个怎样的水平，是稳定增长，还是时高时低变化较大，又或者是持续下降。能够稳定增长的基金固然很好，但是变化中的基金，风险是否在投资人的承受范围之内也需要考量。只有长期表现稳定、收益良好的基金才值得投资人进行投资。相反，表现不突出的基金，投资人也可以早做决断，尽早放弃 。

■ 基金业绩排行榜

　　毕竟大多数的投资人都不是专业的投资人，具备的专业知识较少。投资人可以根据专业机构或专业人员通过将同类型的基金进行比较所推选出来的基金排行榜来做一个参考判断，优选基金。现在基金的排行榜在很多地方都能够查询到，例如天天基金网、和讯网等，不仅可以查询到整体的基金排行，还可以查询到股票基金、货币基金以及债券基金等各种基金的排行榜。如图 2-14 所示。

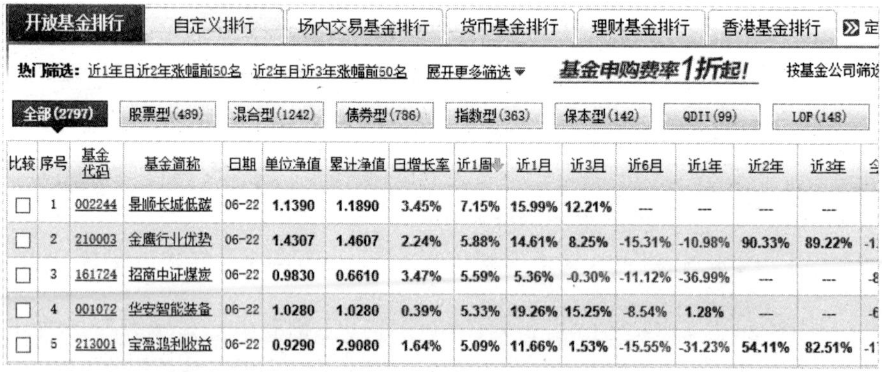

开放基金排行 | 自定义排行 | 场内交易基金排行 | 货币基金排行 | 理财基金排行 | 香港基金排行 | 定

热门筛选：近1年且近2年涨幅前50名 近2年且近3年涨幅前50名 展开更多筛选 基金申购费率1折起！ 按基金公司筛

全部(2797) 股票型(489) 混合型(1242) 债券型(786) 指数型(363) 保本型(142) QDII(99) LOF(148)

比较	序号	基金代码	基金简称	日期	单位净值	累计净值	日增长率	近1周	近1月	近3月	近6月	近1年	近2年	近3年	今
□	1	002244	景顺长城低碳	06-22	1.1390	1.1890	3.45%	7.15%	15.99%	12.21%	---	---	---	---	
□	2	210003	金鹰行业优势	06-22	1.4307	1.4607	2.24%	5.88%	14.61%	8.25%	-15.31%	-10.98%	90.33%	89.22%	-1.
□	3	161724	招商中证煤炭	06-22	0.9830	0.6610	3.47%	5.59%	5.36%	-0.30%	-11.12%	-36.99%	---	---	-8
□	4	001072	华安智能装备	06-22	1.0280	1.0280	0.39%	5.33%	19.26%	15.25%	-8.54%	1.28%	---	---	-6
□	5	213001	宝盈鸿利收益	06-22	0.9290	2.9080	1.64%	5.09%	11.66%	1.53%	-15.55%	-31.23%	54.11%	82.51%	-1

图 2-14　基金排行榜

投资人可以将基金排行榜作为一个选择基金的重要参考依据，但是不能作为唯一选择基金的标准。应该结合自己的投资目标来进行选择，盲目跟从排行榜反而会失去投资的主见性。

2.3 紧追行情来选基金

选择基金还有一个不得不关注的因素就是市场行情，在不同的行情之中学会选择不同的基金。同时，投资人选择基金应该随时关注市场的变化情况。

1．牛市如何选基金

随着上证指数的攀升，许多投资人都想投资基金来获得高回报，但是面对众多的基金产品，却不知道在牛市当中该怎么去选择基金。

■ **优选老基金**

很多有经验的投资人都知道"牛市看老"这个说法，指的是在持续走高的市场当中，业绩好的老基金往往比新基金更具有优势。业绩较好的老基金反映出了基金管理人的水平，老基金不仅可以参考前期业绩，同时在后市看涨的情况下，由于老基金已经有了重仓的股票，能够直接获得上涨的收益，但是新的基金需要在持续走高的市场环境下缓慢建仓，成本较高，而且重要的是很容易错过市场机会。

■ **高净值基金可以选**

很多没有投资经验的投资人在投资时会偏向于购买净值较低的基金，觉得这样投资成本较低。事实上却并非如此，基金的回报收益是来自于投资人持有期间内的基金增长率，与购买时的基金单位净值没有直接的关联。需要注意的是基金并不是股票，"抛高买低"并不一定适合基金，基金的价值是通过资产净值来体现的，高净值的背后是基金经理的操作能力。一个好的基金经理对选择的股票会有自己的目标价格，当他持有的股票被高估时，就会获利了结，然后又重新购买价格被低估的股票。因此，在高净值的基金中，不一定有被高估的股票。在股市处于上升趋势中，往往选择购买高净值基金较好。

■ **规模适中较好**

在牛市中，基金的规模也需要得到关注。有些投资人会比较倾向于规模较大的基金，但是基金规模大到一定程度时反而会影响到投资组合的流动性。同时，规模太大导致无论是买入还是卖出都会推动股票朝一个不利于组合的方向去发展，从而影响到基金的收益率。所以在牛市中，往往选择规模适中的基金比较好，适中的程度在 20 亿元左右。

2. 震荡行情怎样去选基金

许多投资人面对震荡不稳的市场时，虽然想进行投资，但是经常不知道怎样去选择基金。此时，可以根据下面 4 个方面来选择适合的基金。

◆ **选择有经验的基金**：对于震荡会持续多长时间，震荡结束后基金是转为单边上扬的牛市，还是单边下跌的熊市，作为一般的投资人很难提前预知，或者做到较准确的预测。因此，投资人面对震荡的市场可以通过历史经验来选择基金。选择那些面对震荡市场，成功穿越牛熊市，收益较好的基金。

◆ **主动投资**：由于中长线是基金投资的主要特性，所以把握中长期证券市场趋势，对投资人来说是比较重要的。在震荡的市场中应该加强主动投资，因为指数基金是比较被动的投资策略，所以可以减少指数基金的配置，增加风险抵御能力较强的基金配置。

◆ **慎选基金经理**：基金经理一直是选择基金的重要依据，在震荡的市场当中尤是如此。基金经理的投资能力和过去的业绩表现是选择基金的首要因素，投资人在选择时需要注意基金经理在过去的震荡市场中是如何运作的，以及基金的后期发展情况。

◆ **配置灵活的基金**：在震荡的市场当中，往往更需要配置比例灵活的基金。基金经理在股市调整时可以降低仓位来规避市场的系统风险，如混合型基金。

在投资过程中，面对震荡不稳的行市，投资人也不必恐慌，根据行情来慎重选择基金，保险投资，稳中求胜，就可能会获得高收益。

3. 熊市行情应该如何选基金

在熊市中，判断一只基金的好坏，关键是要看其抗风险的能力，要看它能否在最大程度上减少投资人的损失,而不是单看其跌得多还是跌得少。所以在熊市中可以通过基金的亏损来分析仓位,最后判断风险的控制能力。

■ 低仓位的基金

在熊市当中依然保持高仓位操作的基金很难称为好的基金。在熊市当中,亏损较少的,抗风险能力较强的大多是低仓位基金。如果在熊市当中依然保持着牛市中的思维,坚持高仓位,则会令基金在股市中大跌并损失惨重。这些基金对大势判断失误,未能控制风险,令基民损失惨重,不能称为好基金。

■ 仓位也不是判断基金的唯一标准

基金的种类不同,契约上对股票仓位的规定也不一样,股票型基金的仓位一般都在 60% 以上。因此,即使预测到了市场风险,股票型基金的仓位也无法降得太低。所以看股票的仓位只是相对而言,如果在熊市当中基金在约定仓位的下方运作,则说明它的市场预测还是比较准确的。

■ 基金的投资效率

一些低仓位的基金投资效率较低,虽然抗此风险的能力比较高,但是也不是好的基金。因为此类基金是可以将闲置的大量基金的资金进行投资,购买债券及其他低风险的产品获得更高的收益。这类基金由于其增长性太差并不适合投资。

投资人需要明白的是,所有的投资产品都存在风险,在熊市条件下,这些基金产品的风险会更加大。市场处于调整的时间段内,投资人在选择基金产品时要对产品的风险进行细致的评估,确定在能够承受的风险之内。在这样的形势之下,股票类基金需要慎重选择。这类基金的风险性较高,而且获得高收益的可能性也会降低。对于稳健类型的投资人来说,债券型的基金可能更为适合一些。

2.4 大盘走势、基本面与基金的关系

> 基金投资与股票投资有着密不可分的关系，也是从两个方面来进行分析，一个是技术分析，分析如K线、均线和技术指标等；另一个是基本面分析。通过前面介绍的行情分析也可以看出，基金的单位净值变化常常随着股票大盘的变化而变化，所以通过大盘走势和基金基本面分析能有效地帮助投资人对基金进行选择。

1．如何通过大盘走势选基金

大盘指数是宏观经济的先行指标，可以通过大盘指数了解经济趋势的发展情况。当经济回暖时，投资情景看好，大盘指数已经抬头；而当经济发展速度变缓，大盘指数又开始回落，所以大盘走势常常是投资市场的风向标。

尽管基金是将资金交给基金公司的基金管理人进行投资管理，但是从大数据可以得出，大多数的基金都是在牛市当中获利，而在熊市当中亏损，面对系统性的风险，即使是专业的基金经理也不能够很好地控制。所以在一定程度上，投资人也需要将大盘走势作为一个重要的参考依据来对基金进行操作。

我国境内投资人主要参与A股市场交易，所以A股市场指数对全部金融市场的投资都有重要的指导意义。而A股指数主要是"上证指数"和"深证指数"。如图2-15和图2-16所示，为上证指数和深证成指数K线图。

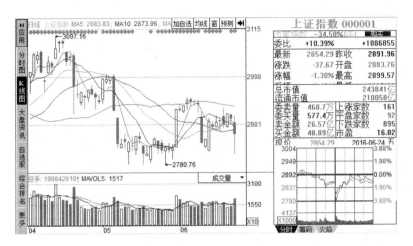

图 2-15　上证指数 K 线图

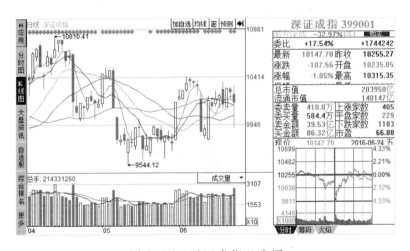

图 2-16　深证成指 K 线图

　　大盘实际上起到了一个方向的指引作用，只有把握了大盘的趋势，在挑选基金的时候才能够更加地从容，胜算也更大。在 A 股市场中，大盘是和政策密切相关的，受宏观形势影响，判断大盘不单要有看 K 线的技术指标，更要有经济形势判断能力，尤其要有前瞻性。

　　一般情况下，大盘的走势与股票型基金的走势相同，大盘走势较好，基金上涨，反之也相同。但是债券型基金却不同，股市下跌，债市反弹，主做债券的基金可以获得较好的收益，尤其是纯债基金以及部分一级债基。所以，一般情况下大盘走势好，债券基金表现一般，因为大量资金投入股市基金；大盘走弱，债券基金表现较好，因为资金总是流往高收益产品。

因此，投资人可以根据 A 股的上证指数来进行参考判断，大盘走势好，偏向于股票型基金的申购；大盘走势下跌，倾向于债券型基金。但需要注意的是，基金是中长期的投资，股市行情变化较快，应该做一个有长期投资意识的投资人。如果因为大盘的一点风吹草动就立刻转换基金，反而可能会错失高回报的时机。

2．基本面与基金

基本面是影响股市涨跌的主要因素，例如国家经济状况通货膨胀等。基金是股票与债券的组合，所以股票的涨跌直接影响基金净值的涨跌。基本面分析包括的因素有如图 2-17 所示的几点。

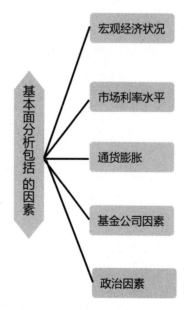

图 2-17　基本面分析包括的因素

◆ **宏观经济状况**：当基金不景气时，企业收入少，利润下降，导致证券市场价格下跌；经济繁荣景气，企业经营状况良好，盈利多，则证券市场的价格不断上升。

◆ **市场利率水平**：一般情况下，利率上升，存款吸引力增长，金融市场的一部分资金会转移到银行，从而减少了证券市场的资金量，对证券市场造成一定的影响。如果利率下降，投资人则会产生保值增值的内在需求，会有更多人愿意把钱投向证券市场，从而刺激价格上涨。

◆ **通货膨胀**：通货膨胀初期，由于货币流通量的增加，刺激消费和生产，增加企业的盈利，从而促使股票价格上涨。通货膨胀到了一定程度，推动市场利率的上升，从而使得股票下跌。所以，通货膨胀对证券市场的走势影响较大。

◆ **基金公司因素**：基金公司本身的内在因素，包括财务状况、经营情况、管理能力、分析团队以及资金的投向等，都是影响基金发展的因素。

◆ **政治因素**：政治因素是指能够对证券市场产生直接或者间接影响的政治方面的因素。例如，国际政治形势、政治时间等，这些都会对证券市场产生重大的影响，引起股票市场的涨跌变化。

基本面分析不是以历史的图表和数据进行趋势性的发展预测，而是根据影响基金价格变化的根本原因来进行分析，从而判断基金未来一段时间内的总体发展方向。因此，基本面分析是围绕价值进行的投资，动机比较合理，中长期趋势上面能够准确地把握。

但是，基本面的分析由于时间较长，不能够立竿见影，即使判断正确，在市场上未必不会被套牢，未必能快速获利。

2.5 选择基金的小技巧

> 除了前面讲到的选择基金的方法之外，还有一些技巧除了能够帮助投资人选择到适合自己的基金外，还能够让投资人避开一些选择基金的误区。

1. 选择基金不贪图便宜

许多投资人在购买基金时都会进入一个误区，认为买到较低价格的基金比较划算，这是一种错误的观念。其实基金的收益与购买时的单位净值联系不大，下面以一个小例子来介绍。

A 基金和 B 基金同时成立并且运作。一年之后，A 基金单位净值达到了 2.00 元 / 份，而 B 基金单位净值却只有 1.20 元 / 份，按此收益率，再过一年，A 基金单位净值将达到 4.00 元 / 份，可 B 基金单位净值只有 1.44 元 / 份。如果投资人在第一年时贪便宜买了 B 基金，收益就会比购买 A 基金少很多。

另外，有的投资人会有认购基金的习惯，觉得认购的基金相对老基金来说成本较低。从现实的角度来看，不可否认的是每个新基金的成立都具有一定鲜明的特点，但这并不能说明新基金一定是好的。与新基金相比较，老基金往往比新基金更具有优势。

首先，老基金过去的业绩可以作为投资人参考基金和基金管理人的重要依据。其次，新基金建仓要在半年之内完成，有的建仓时间更短。在如此短的时间内，需要将大量的资金投向规模有限的股票市场中，必然会购买老基金已建仓的股票。再次，新基金在建仓时还要缴纳印花税和手续费，而建完仓的老基金坐等收益就没有这部分费用；最后，老基金还有一些按发行价配售锁定的股票，将来上市就是一块稳定的收益，且老基金的研究团队一般也比新基金成熟。所以，购买基金时应首选老基金。

还有的基金管理人深谙投资人喜欢贪小便宜的心理，有时候会将一段时间内运作较好的基金进行拆分，降低基金的单位净值，从而达到扩大规模的目的。但是这种做法往往是得不偿失的，除了需要承担抛出股票的手续费，还要承担扩大规模之后买进新股票的风险。所以投资人选择基金时不要因小失大，过分关注"便宜"反而得不偿失。

2．多角度选择基金

投资人要选择适合自己的基金不是一件容易的事情，尤其是对初入基市的基民来说更是如此，除了听旁人介绍之外，就是在销售人员的建议下选择基金。选择基金应该有自己的想法，多方面考虑。

◆ **基金多分红多收益**：有的投资人为了能够达到快速赚钱的目的，会刻意地选择一些分红次数多的基金，而有的基金也为了迎合投资人的这种心理，封闭期一过就开始分红。这种做法无异于是将投资人左口袋里的资金转回到了右口袋之中，毫无意义。对投资人而言，相比基金的分红次数，更应该关注的是基金的净值增长率，分红次数并不能够说明基金的发展情况。

◆ **基金的种类多**：现在大多数的投资人在选择基金时会习惯性地选择开放式基金，对封闭型基金关心甚少。其实开放式基金和封闭式基金彼此各有优势，封闭式基金虽然不能够像开放式基金一样按照基金的净值随时操作赎回，但是因为封闭基金没有赎回的资金压力，在资金的利用效率上面要远高于开放式基金。所以，投资人在选择基金时可以结合自己的投资目标选择基金种类。

◆ **利用基金招募说明书选择基金**：基金招募说明书包含的内容非常广泛，投资人可以通过招募书了解基金的历史业绩情况、基金风险、基金管理人以及基金的费用等信息。投资人多利用招募说明书可以得到有用的基金信息，从而帮助投资人更好地选择基金。

◆ **根据投资规模来选择基金**：买基金是选择规模大的还是规模小的，不同的投资人有不同的回答。规模大的基金灵活性差，运作难度较大，仓位难以及时地进行调整；另外，规模大的基金获取超额收益的能力较差，因为这种基金往往在大盘股上进行配置，这时就可能难以获得超越大盘的收益。小规模的基金也不行，规模太小可能令某些个股出现过度配置，导致业绩波动性加大。所以规模适中比较好，50 亿元左右的规模算比较适中的范围。

最后，投资人选择基金需要有加持原则，通过多个因素对基金进行分析，然后量力而为地进行投资，才可能在基金上获得高收益的回报。

.03
. PART .

○ 开设基金
账户

○ 基金的购
买方式

○ 购买封闭
式基金

○ 一次性投资
与定投

○ 购买基金省
钱技巧

开始进入基市购买基金

    通过前文的介绍认识了基金，选择好基金之后就可以进入市场购买基金了。如今，基金的销售渠道越来越多样化，也给广大的投资者提供了多样化的选择空间，但是怎样才能方便、快捷以及省钱地买到心仪的基金产品，却成了众多投资者共同关注的问题。

3.1 开设基金账户的途径

　　每个投资者在购买基金之前都需要开设一个属于自己的基金账户，主要用于管理和记录投资人交易的基金种类、数量变化情况等信息。一般开设基金账户的途径有基金公司、银行和证券公司，下面依次来具体介绍。

1. 基金公司开立账户做些什么

　　投资人选择好基金公司之后可以在基金公司开设自己的基金账户，现在的基金公司基本上都开通了网上开户服务，非常便捷。下面以华夏基金为例讲解相关操作。

Step01　进入华夏基金官方网站（http://www.chinaamc.com/），在首页上方单击"我要开户"超链接。

Step02　进入银行选择页面，投资人选中自己银行卡的银行名称前的复选框即可。前提是银行需开通网上银行功能，能够在网上完成支付交易才可以。这里以中国建设银行股份有限公司（以下简称建设银行）为例，选中"中国建设银行"复选框。

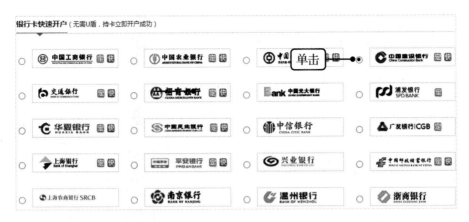

Step03 进入银行卡相关信息填写的页面，投资人根据页面提示输入相关真实信息，单击"确认"按钮。

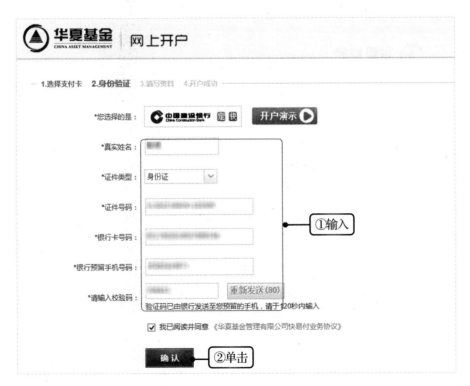

Step04 页面跳转至开户资料填写页面，投资人根据页面提示输入真实信息，设置交易密码，并阅读相关协议，然后单击"提交"按钮。

Step05 在打开的页面中提示开户成功页面，会查看到"网上交易开户已成功"字样，提示投资人开户成功。

2．银行怎么开立基金账户

投资人在银行开通基金账户时需要带上身份证、银行卡，然后选择有代销基金权的一家银行，在其柜台操作办理即可。但是很多时候，到银行办理业务的客户需要排队，而且银行的地点也经常不在家附近，所以常常需要花费很多功夫。现在各大银行都有自己的官方网站，投资人可以在银行的官方网站上进行开户，相较于传统的办理方式来说更加便捷。下面以建设银行为例做详细介绍。

Step01 进入建设银行官方网站（http://www.ccb.com/cn/home/indexv3.html），在首页单击"登录"按钮（开设基金账户的前提是需要开通个人网上银行）。

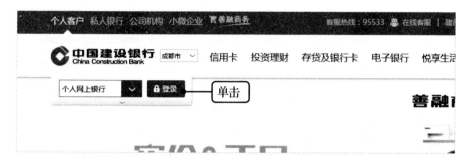

Step02 登录成功之后进入个人网上银行页面，单击"投资理财"选项卡，然后单击"基金"按钮。页面下方会提示没有开通证券交易功能，如果要开通证券功能，单击"请点击这里"超链接。

Step03 进入"阅读协议"页面，阅读完成之后，选中"我已认真阅读"前的复选框，单击"确认"按钮。

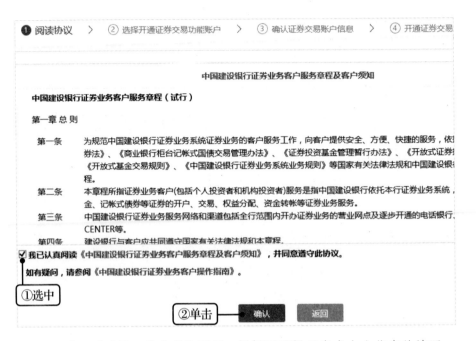

Step04 进入"开通证券交易"页面，根据页面提示完成个人信息的填写，单击"下一步"按钮。

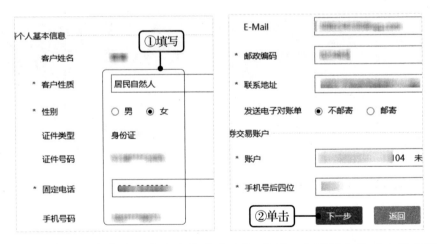

Step05 进入"请确认证券账户交易信息"页面，在页面上核对自己的账户信息，输入账户取款密码和短信验证码，单击"下一步"按钮。

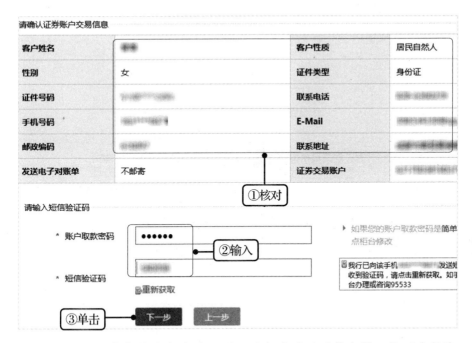

Step06 开通证券交易账户成功，页面显示成功开通等字样，接下来投资人就可以去基金超市购买基金产品了。

3. 证券公司开立基金账户

除了可以在基金公司和银行开设基金账户之外，还可以在证券公司开通账户。但是相比前面提到的两种账户开通方式，证券公司开设账户就相对繁杂一些，尤其是没有开立股票账户的投资人。

投资人在开立证券账户之后，除了可以购买股票进行投资之外，还可以用来买卖上市的开放式基金。具体的证券公司开户流程如图 3-1 所示。

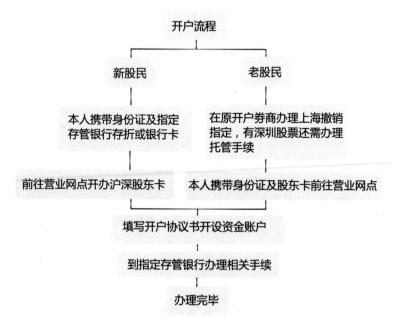

图 3-1　证券公司开户流程

　　当然，在证券公司也可以仅仅开立基金账户买卖上市基金。首先需要投资人到证券公司柜台开立一个资金账户，然后投资人需要到银行办理相应的账户后，开通银证委托，这样才能进行银行转账，随后即可在证券公司开立基金账户。

　　对于新开户的投资人，在证券公司进行投资交易具体主要有以下 4 个步骤。

◆　**开立证券账户：**投资者本人前往证券公司营业部，填写并提交申请表、缴纳开户费和搜索出示证件，经审核确认合格的，投资者即可获得申请开立的证券账户，并得到相应的证券账户卡。

◆　**开立资金账户：**投资者本人前往证券公司营业部，填写并提交开户文本、出示证件和证券账户卡，经审核确认合格后，给予投资者开立资金账户，并为投资者办理上海证券账户的指定交易手续。

◆ **办理 A 股资金第三方存管业务**：首先，投资人本人到证券公司营业部，填写并提交资金第三方存管业务三方协议、出示证件（本人身份证原件、本人的银行存折、证券账户卡），经审核确认合格后，给予投资者办理第三方存管账户预指定手续；然后投资人本人到预指定银行柜台，提交协议和出示证件（本人身份证原件、本人的银行存折、证券账户卡），经银行审核确认合格后，给予确认开通第三方存管业务。

◆ **投资交易**：投资者办理完成以上手续后就可以通过交易系统（电话委托、网上委托）将资金从自己的银行存折转入自己的证券公司资金账户，进行证券交易。

但是，投资人在证券公司开设账户时需要注意以下几个方面的问题。

◆ 每个投资人只能够开设一个基金账户，所以需要慎重。

◆ 已经持有证券账户的投资者只允许开设一个基金账户。

◆ 基金账户不能够在异地开立。

◆ 一个资金账户对应一个基金或股票账户，同时基金账户只能够用于基金、国债以及其他的债券交易，不能够用于股票交易。

◆ 办理基金账户必须由本人亲自办理。

【提示注意】

投资人在完成投资决定不再通过证券公司进行交易时会牵扯到账户注销的问题。若想撤销资金账户，须持本人身份证、资金账户、证券账户到营业部的柜台办理。如果曾经办理过委托书的，还必须提交委托书原件。销户时，营业部将收回资金账户和委托书，并付清保证金余额及应付利息。投资人在办理销户前，请注意一定要先办理好撤销指定交易及深圳证券转托管手续。

3.2 基金该怎么购买

我们都知道开放式基金和封闭式基金在运作上是有区别的，对于封闭式基金而言，基金的认购和申购是同一个行为，都是在基金募集资金期间进行买入。而开放式基金却不是，新基金需要进行认购，老基金可以进行申购。

1. 怎么认购开放式基金

认购的基金通常不会在交易所挂牌上市交易，而是通过银行、证券公司等销售网点进行销售。一般基金的认购分为 3 个步骤，在基金正式发行首日开始进行。

首先投资人需要办理开户手续，开立基金账户一般需要提前提供以下材料。

◆ 本人身份证件。

◆ 代销网点当地城市的本人银行活期存款账户或对应的银行卡。

◆ 已填写好的《账户开户申请表》。

然后投资人就可以开始认购操作了，认购时需要提供以下材料。

◆ 本人身份证件。

◆ 基金账户卡（投资者开户时代销网点当场发放）。

◆ 代销网点当地城市的本人银行借记卡（卡内必须有足够的基金认购资金）。

◆ 已填写好的《银行代销基金认购申请表（个人）》。

认购过程一般包括开户、认购、缴费和确认4个步骤。投资人在完成认购并在基金成立之后向各基金销售公司咨询认购的结果，也可以到各基金销售网点打印成交确认单。基金管理人也会在基金成立之后按照投资人预留的地址将《客户信息确认书》和《交易确认书》邮寄给投资人。当投资人确认基金认购之后，就完成了开放式基金的整个认购过程。

2. 申购开放式基金该怎么做

开放式的新基金在成立之后会进入一段封闭期，一般在3个月左右，在这段时间内基金可以接受申购申请，但是不能够操作赎回。

投资人在申购新基金时，不仅可以通过书面的形式操作，还可以通过网络完成申购。基金管理人在收到投资人的申购后，会按照当日公布的基金单位净值进行核算，确认份额。开放式新基金申购的具体流程如图3-2所示。

> 投资人在工作日内向基金销售网点提出申购申请，然后填写《申购申请表》。

> 销售网点接收到投资人的申请表并进行审核后，录入信息并冻结申购款，上传信息至基金公司进行登记。随后向销售网点传发申购确认信息。

> 基金管理人收到申请按照当日的基金单位净值在两个工作日内进行核算，确认份额。申购成功将申购款划至基金托管人账户，失败申购款返回至投资人。

图 3-2　开放式封闭期内新基金的申购流程

除去处于封闭期的开放式基金外，一般的开放式基金申购可以在各个销售网点进行申购。申购的流程也相对比较简单，选择好基金，确认投资金额进行支付就可以了。

但是随着开放式基金的运作时间变长，资金规模也会变得越来越大。当开放式基金的规模达到一定程度之后，基金公司可以将基金封闭，在封闭期间内，投资人只能够操作赎回，而不能够进行申购，这就是开放式基金的自行封闭。开放式基金自行封闭后，并不是变成了封闭式基金，基金公司也会根据情况重新开放。自行封闭的基金与封闭式的基金最大的区别就在于赎回操作。

3．基金赎回需要做些什么

基金的赎回不能够简单地理解为卖出，它与投资人最终实现的收益密切相关。

投资者办理基金赎回时，需要到原来开户的网点申请，也可以到相关基金公司网站或者银行网站申请赎回。基金赎回的时间为证券交易所交易日的 9：30 ～ 15：00。投资者当日（T 日）在规定时间之内提交的申请，一般可在 T + 2 日到办理赎回的网点查询并打印赎回确认单。通过电话或网站申请赎回的投资人，也可以通过相应的方式查询和打印确认单。销售机构通常在 T + 7 日前将赎回的资金划入投资者的资金账户。

基金的赎回遵循"未知价"和"份额赎回"原则。"未知价"指赎回价格以申请当日的基金份额净值为基准进行计算；"份额赎回"原则指投资者要按份额数量提出赎回申请（而在申购基金时是按金额提出申购申请）。每个账户单笔赎回的最低份额是 100 份，如果赎回使得投资者在某一个销售网点保留的基金份额余额少于 100 份，余额部分必须一并赎回。当日的赎回申请可以在当日 15：00 以前撤销。

当投资人操作巨额赎回时，一般会遇到以下两种情况。

◆ **全部赎回**：当基金管理人有能力兑付投资人的赎回申请时，按照正常的流程执行。

◆ **部分赎回**：基金管理人以不低于单位总份额 10% 的份额按比例分配投资人的申请赎回数。投资人能够赎回部分，投资人在提交赎回申请时应该做出延期或者取消赎回的明确说明，注册登记中心以默认的方式为投资人取消赎回。选择延期赎回的，将自动转入下一个开放日继续赎回，直到全部赎回为止；选择取消赎回的，当日未赎回的部分申请将会被撤销。延期的赎回申请与下一个开放日赎回申请一并处理，无优先权并以该开放日的基金单位净值为基础计算赎回金额。

【提示注意】

发生巨额赎回并延期支付时，基金管理人通过招募说明书规定的方式（如公司网站、销售机构的网点等），在招募说明书规定的时间内通知投资者，并说明有关处理方法，同时在中国证券监督管理委员会（以下简称中国证监会）指定的媒体上进行公告。

基金连续发生巨额赎回，基金管理人可以按照基金契约和招募说明书暂停接受赎回申请；已经接受单位被确认的赎回申请可以延缓支付赎回款项，但不得超过正常支付时间 20 个工作日，并在中国证监会指定的媒体上进行公告。

4. 赎回策略有哪些

对于投资人而言赎回是为了获得投资的收益，那么掌握赎回的技巧可以帮助投资人降低赎回时的成本，增加收益，下面来介绍赎回操作中的技巧策略。

■ 赎回前先算账

赎回前首先需要算账，看看大的账目投资的整体收益情况，小的账目各种手续费用是否划算。基金赎回都需要缴纳一定的费用，不能够忽略这部分。赎回的费用通常在 0.5% 左右，如果投资人在赎回之后再进行投资操作又需要支付 0.8%~1.5% 的申购费用，因此赎回的成本在 2% 左右。

基金是一种长线的投资工具，不太适宜作短线投资。如果市场发生短期的波动或调整，但长期走势并没有改变，投资者就不要急于赎回兑现。因为考虑到赎回费用，你的频繁进出也许只是给基金公司做贡献了。另外，如果确实发现了比较好的投资产品就需要当机立断及早做决断。

■ 定期赎回

定期赎回是投资人一次性购买或者分期买进某一基金产品，然后每月定期赎回持有的部分基金。购买基金的方法因人而异，赎回亦是如此。定期赎回因为在不同的价位上赎回，不仅减少了时间上的风险，又避免了在低价位时斩仓的无奈。

■ 查看赎回时间和方式

基金自受益凭证发行期满之后就可以接受赎回申请了。但是受益人不能够从受益凭证购买起 3 个工作日内申请买回该受益凭证。已经申请赎回的投资人可以附带受益凭证、赎回申请书向基金公司或其他指定赎回地点提出全部或部分赎回申请。所以，投资人查看赎回时间与方式能够获取最大的利润。

投资人基金赎回最重要的还是根据基金的收益情况来确定，确定好基金赎回的时机。在基金下跌严重后期发展不乐观的情况以及基金发展呈上升收益良好的情况下赎回基金。在合适的时机运用赎回技巧才能帮助投资人获得收益。

3.3 封闭式基金的购买

> 封闭式基金不同于开放式基金，不能够随时操作赎回，所以它的交易类似于股票。可以在二级市场进行交易，交易的价格由二级市场上的供求关系来确定。

1. 封闭式基金如何申购

由于封闭式基金成立之后不能赎回，除了成立之时投资者可以在交易所或者指定单位购买之外，一旦封闭式基金成立，投资者只能在证券公司通过交易所平台像买卖股票一样买卖。

由于封闭式基金是交易所的一个交易品种，所以投资人需要拥有证券账户，没有证券账户的投资人在投资之前需要去证券公司开设证券账户，存入保证金才可以购买封闭式基金。

在完成开户准备之后，投资人就可以自行选择时机购买基金。个人投资人可以带上代理行的借记卡和基金交易卡，到代销的网点柜台填写基金交易申请表格（机构投资者则要加盖预留印鉴），必须在购买当天的15:00 以前提交申请，由柜台受理，并领取基金业务回执。在办理基金业务两天之后，投资者可以到柜台打印业务确认书。

注意选择小盘封闭式基金，特别是小盘封闭式基金的持有人结构和十大持有人所占的份额。如果基金的流通市值非常小，而且持有人非常分散，则极有可能出现部分主力为了争夺提议表决权，进行大肆收购，导致基金价格出现急速上升，从而为投资人带来短线快速盈利的机会。

另外，注意选择折价率较大的基金，因为封闭转开放以后，基金的价格将向其价值回归，基金的投资收益率将在很大程度上取决于其折价率，折价率越大的基金，价值回归的空间也相应地越大。

2. 封闭式基金的折价率

在购买封闭式基金时还有一个重要的指标，就是折价率。折价率是基金交易价格与基金净值之间的折价比率，是封闭式基金购买的重要参考标准，那么怎么来计算封闭基金的折价率呢？其计算公式如下所示。

折价率 =（单位基金净值 - 单位基金市价）÷ 单位基金净值 ×100%

得出的折价率大于0时（即净值大于市价）为折价；折价率小于0时（即净值小于市价）为溢价。举例而言，假设某基金的交易价格为0.8元，其基金净值为1元，按照价格折算，该基金折价率为（1-0.8）/1×100%=20%。

基金折价率表示购买封闭式基金的折扣程度，折价率越大，表明越值得购买。投资人往往可以通过查询封基的净值和折价率选择折价率大的封基来购买。现在可以通过网络查询到封基的折价率，其具体操作如下。

Step01 进入和讯网官方网站（http://www.hexun.com/），单击导航栏中的"基金"超链接。

Step02 页面跳转到基金页面，然后单击导航栏中的"基金净值"超链接，就可以看到基金的排行榜。

Step03 进入基金的排行榜页面，单击"封基数据"选项卡就能够看到封基的详细信息，包括基金代码、单位净值、累计净值以及基金规模等。

Step04 在页面上单击"封闭式基金折价率"超链接，就可以看到封闭式基金的溢折价率、溢折价值以及市场价格等信息。

对于投资人普遍看好的基金，这时候折价率就会比较低一些，往往以很小的折价比率就可以找到买家，并且在行情走好的时候还会出现溢价的现象；而对一些不被看好的基金来说，这时候的折价率较高。因此，投资人在选择基金时需要合理地分析判断，不能够仅仅因为费用成本低的原因，买一些发展不好的基金，因为投资的主要目的不是为了省钱，而是为了得到高收益的回报。

3.4 一次性投资和定投

> 很多投资人都有自己的投资方式，对于基金的投资有的习惯一次性投资，有的倾向于定投。这两种投资虽然存在着差异，但是各具优势，在投资过程中合理地进行运用都能够为投资人带来收益。

1. 了解一次性投资和定投

开放式基金有两种投资方式，分别是一次性投资和定期定额投资。一次性投资通俗地说，就是将计划投资的资金一次性地用于购买基金，投资人投资的前提一定是相信市场前景涨多于跌，即在行情持续看好的情况下进行的投资。

基金定投是定期定额投资的组成，投资人在固定的时间内投资固定的金额到指定的基金中，方式有点类似于银行的零存整取。基金定投具有分散风险、平均成本等优势，将投资成本积少成多，更适合长期投资的投资人。既然两种投资方式都能够为投资人带来收益，那么下面举例来具体介绍两种投资的收益情况。

甲和乙各有 1 万元投资于基金。甲一次性地购买了某只开放式基金，乙则在 5 个月内，每个月投资 2000 元于该基金。在此期间，该基金单位净值持续上升，则乙手中的现金不足以购买和甲等同数量的基金单位，所以到了第 5 个月末，甲拥有更多数量的基金单位，赚得比乙多。如图 3-3 所示。

	单位净值（元）	甲投资者	乙投资者
一月	1.1	9090.91	1818.18
二月	1.12	9090.91	1785.71
三月	1.13	9090.91	1769.91
四月	1.14	9090.91	1754.39
五月	1.15	9090.91	1739.13
总份额	--	9090.91	8867.32
资产总值	--	10454.55	10197.42

图 3-3　基金净值上升收益比对

但是如果在此期间，基金单位净值持续下跌，则乙可以购买更多数量的基金单位，所以到第 5 个月末，乙的投资收益高于甲。如图 3-4 所示。

	单位净值（元）	甲投资者	乙投资者
一月	1.15	8695.65	1739.13
二月	1.14	8695.65	1754.39
三月	1.13	8695.65	1769.91
四月	1.12	8695.65	1785.71
五月	1.1	8695.65	1818.18
总份额	--	8695.65	8867.32
资产总值	--	9565.22	9754.06

图 3-4　基金净值下降收益比对

这两种假设比较极端，现实中比较常见的是，基金单位净值在此期间上下波动，由于乙每个月购买基金的金额是固定的，所以净值上涨的时候，买的数量比较少；净值下降的时候，买的数量比较多。到了第 5 个月末，谁持有的基金单位数量多，要取决于净值波动的程度，如图 3-5 所示。

	单位净值（元）	甲投资者	乙投资者
一月	1.14	8771.93	1754.39
二月	1.146	8771.93	1745.20
三月	1.14	8771.93	1754.39
四月	1.16	8771.93	1724.14
五月	1.1	8771.93	1818.18
总份额	--	8771.93	8796.29
资产总值	--	9649.12	9675.92

图 3-5　基金净值波动收益比对

对于两种投资方式，基金定投更加适合没有投资经验、不能够准确找到投资时机和没有充足时间管理基金投资的投资人，定投方式的出现很大程度上降低了投资人投资的风险，当然定投的收益也会低于一次性投资。

但是基金市场的变化不可能是简单的上涨下降，基金的波动变化较大。选择定投，在市场上涨的时候购买的份额逐渐减少，在下跌的时候份额逐渐增加，只要市场经过震荡最终是选择向上的，投资者通常都可以获利。

2．基金定投是怎样的

基金定投需要设定自己的投资目标和一个时间周期，投资目标可以设定为 500 元或 1000 元左右，具体的根据自己的经济情况来确定，时间周期可以固定在每月的几号。在基金单位净值高的时候买入的基金份额较少；在基金单位净值较低时买入的份额较多。将资金做到分散进场，以此降低平均持仓成本，等到价格回归到中高位时将其赎回赚取利润。

甲在 1 月到 4 月开始定投，每个月固定投资 600 元基金，1 月份单价为 20 元，2 月份涨到 40 元，3 月份又跌回 20 元，4 月份继续下跌到 10 元，5 月份涨回 20 元将份额全部赎回，如图 3-6 所示。现在来计算一下甲的这次投资的盈亏情况。

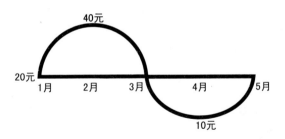

图 3-6　基金净值变化图

　　每次投资 600 元，那么 1 月买入 30 份份额，2 月买入 15 份份额，3 月又买入 30 份份额，4 月买入 60 份份额，总共买入 135 份份额，平均单位价格为 2400÷135=17.8（元），在 5 月以 20 元卖出，共获得 135×20=2700 元资金，相比总投资额 2400 元要多出 300 元，收益率为 300÷2400=12.5%。

　　这个事例具体地展示了基金定投的整个计算过程，以及基金定投的收益情况。那么，基金定投具体有哪些优点呢？如下所示。

◆ **弱化了入市时机选择的重要性**：基金一次投资中最为重要的是入市的时机选择，而基金定投可以有效地弱化入市时机。以周期性的定投方式进行投资，无论何时入市，在长期的定投之下通过降低单位持仓成本，只要股市回归正常值或者趋于更高值，那么前面累积的份额都能够为投资人带来回报。

◆ **减少投资人的风险**：对于现在的投资人，很多时候会出现看好哪只基金就直接投入全部投资资产，这对于没有投资经验的人来说是比较危险的。基金定投，由于它的分批入市，且定额投资的特性，大大减少了被深套的风险。

◆ **风险波动越大收益反而越高**：前面的例子中 1 月从 20 元涨到 40 元，2 个月后又跌到了 11 元，之后才涨回 40 元，这一跌一涨，短短 4 个月就实现了收益率 12.5%，即年化收益率 42.4% 的收益，而实际数据中股市的波动更小。所以在基金定投中，风险波动越大往往收益会越高。

◆ **快速调整投资组合**：定投由于其分批资金进入的原理，基本不会出现全仓操作，如果发现了更好的投资标的，自己可以根据盈亏情况选择继续定投或者退出改投新标，抑或投资人在多年定投中收入增加了，直接增加一项投资标的亦可。

3．基金定投投资误区需谨慎

前面讲到了很多关于基金定投的优势，但是在基金定投之中也有不少的投资误区需要投资人引起注意，才能够巧妙地规避开来。

■ 任何基金都适合定投

基金定投虽然在很大程度上能够平均成本，控制投资的风险，但是投资人要明白并不是所有的基金都适合定投。例如，债券型基金收益一般比较稳定，定投和一次性投资的效果差距不是很明显；而股票型的基金变化幅度较大，相对于债券型基金更适合定投的方式。

■ 定投只能够进行长期投资

虽然基金定投需要长期性的投资才能够获得明显的收益，但是如果在后市不被看好的情况下，及时转化调整基金才是上策。所以不管是一次性投资还是定投都应该慎重，已经制定了投资目标和计划的投资人，也需要根据市场的变化做出变化。例如，某投资人制订了某只基金5年的定投计划，扣款2年之后发现市场的前景并不是很理想，后市也没有发展的前途，此时可以考虑赎回优先获利，没有必要一直坚守计划周期。

■ 扣款中断定投协议失败

投资人有时候因为工资延迟发放、忘记提前存款以及余额不足等情况，造成基金定投无法正常扣款。投资人大多会认为由于自己单方面造成了违约，定投就失效了。其实，部分基金公司和银行规定，如法定交易时间投资人的资金账户余额不足，银行系统会自动于次日继续扣款，直到月末，并且按照实际扣款当日的基金单位净值计算确认基金的份额。所以，投资人法定扣款日没有扣款成功也不要紧，尽快在账户存款就可以继续定投。

■ 基金赎回只能够操作全部赎回

有的投资人认为定投的基金赎回时只能够将全部持有的基金进行赎回，其实不然，定投的基金既可以一次性全部赎回，也能够部分赎回或者部分转换，和一次性投资的赎回相同。如果资金需求的金额小于定投金额，可以根据需求来进行赎回，其他的份额继续持有。

🌐 3.5 购买基金省钱窍门

投资人在了解了购买基金的方法与步骤之后，是不是就可以直接进行购买呢？答案当然是否定的。投资人投资是为了获得收益，了解一些购买基金省钱的小窍门，除了能够节省购买成本，也可以让投资人更多地了解基金的投资技巧，因为省钱亦是一种获利。

1．哪种方式购买便宜

我们知道购买基金的途径有很多，但是哪种方式的手续费用最低，用什么渠道购买最省钱，很多投资人都有这方面的疑惑。

■ 网上银行进行申购

首先可以通过网上银行来进行申购，网上银行购买相比银行柜台购买好处更多，既省去了排队等候的苦恼，还比柜台购买更加便宜。近年来随着投资人的大幅度增加，各大银行之间为了争夺客户资源，常常会通过网上银行进行打折优惠。但是不同的银行在不同的时间，打折的幅度也不同，很多的基金公司也会跟银行合作采取网上银行申购打折的方式来吸引投资者。

■ 基金公司官方网站直销

到基金公司官方网站直接购买基金，其申购和赎回费最低。这是什么原因呢？原来基金公司直接购买就是直销，不用通过中间商，省去了中间环节。由于每个基金公司优惠的力度不同，投资人在投资之前可以做一下计算比较。

需要注意的是，通常各大基金公司绑定的不同银行卡之间的优惠力度也是不同的。例如，有的基金关联工商银行、中国农业银行（以下简称农业银行）及中国民生银行股份公司（以下简称民生银行）等银行的借记卡，可以享受申购、定投和转换基金 5 折的优惠，但是招商银行、建设银行和交通银行的银行卡只能够享受 8 折优惠。所以投资人在基金公司官方网站直销购买时需要提前了解清楚。

■ 手机 APP

在现代这个手机智能时代，手机不仅仅只是通信工具，它更全方面地融入人们的生活当中，商家都在争夺手机客户，基金也是如此。只需要下载理财类的手机APP，开通基金账户，绑定银行卡就可以购买基金。有的基金公司除了对移动端的客户进行费率优惠之外，还专门针对移动端口的客户推出基金产品。

但是，投资人也需要注意，尽管手机很方便，但是安全也很重要，小心手机或者账号被盗，避免损失。

■ 第三方平台购买

虽然第三方销售平台无法购买场内基金，但不可否认的是第三方平台内的基金不管是基金的种类，还是基金的数量，都有很大的选择余地，可以更加全面直观地将基金进行对比。

另外，虽然第三方平台购买基金会收取平台手续费用，但是在基金的申购、定投和转换方面有时也有优惠。而且如今的第三方平台大多还提供专业的投资服务，例如基金的研报、推荐之类等。

2. 促销活动时申购基金

虽然开放式基金在基金成立之后可以购买，但是在特定的时间内进行购买相比平时购买费用更加划算，例如促销日和发行日等。

对于基金而言，促销的方式有很多，例如新基金上市以及节假日活动等，在促销期间除了申购费率会打折以外，还经常会推出抽奖等活动。投资人可以关注基金公告，一般基金公司在进行促销之前都会公布相关的告示，将具体的活动内容告诉广大的投资人，如图3-7所示为华安基金关于"微钱宝"的优惠活动公告。

> 关于电子直销平台延长"微钱宝"账户交易费率优惠活动时间的
>
> 公告
>
> 　　为帮助投资人节省交易成本，更好地为投资人提供服务，华安基金管理有限公司（以下简称"本公司"）电子直销平台拟将本公司 2016 年 3 月 28 日发布的《华安基金管理有限公司关于电子直销平台延长"微钱宝"账户交易费率优惠活动时间的公告》中所述的"微钱宝"交易费率优惠时间延长至 2016 年 9 月 30 日。现将有关事项公告如下：
> 　　一、活动内容
> 　　1.投资人通过本公司电子直销平台"微钱宝"账户进行基金认/申购交易，认/申购由本公司作为注册登记机构的其他开放式基金产品，可享受基金认/申购费 0 折优惠（从现行的 4 折调整为 0 折），即免收基金认/申购费。
> 　　2.网上直销优惠费率详见本公司网站《电子直销优惠费率一览表》，各基金原申购费率参见各基金更新的招募说明书及本公司发布的最新相关公告。
> 　　3."微钱宝"账户对应的基金产品为华安汇财通货币市场基金。账户对应基金如有变更，本公司将另行公告，敬请投资者关注。

图 3-7　华安基金优惠活动公告

　　由图 3-7 可以看到，在活动期间享受基金申 / 认购费是 0 折的优惠，即免收基金的申 / 认购费用。而日常的申购费率一般在 1.2% ～ 1.5%。在活动期间购买基金相比日常的购买要划算很多。

　　但是，投资人在活动促销期间购买基金要格外注意相关促销活动的具体事宜，注意自己所选购基金的情况，不要错过了优惠期限，更不能因为优惠而盲目地投资，忽略了自己的投资计划和理财方案。

3．明确基金的后端收费是多少

　　前文已经了解到基金按照缴纳申购费的时间不同，可以分为前端收费和后端收费。后端收费虽然会随着投资人持有的时间增长而减少，甚至免去。但是投资人也需要对基金的后端收费有一个比较清晰的认知，才能够核算到基金的成本情况。

　　但是也不是所有的基金都支持后端收费，所以投资人在购买之前需要核对清楚。下面介绍一些后端收费的基金产品，如表 3-1 所示。

表 3-1　部分后端收费的基金产品

序号	基金名称	前端代码	后端代码
1	宝盈增强收益 A/B	21307	213907
2	宝盈资源优选	213008	139808
3	博时创业成长	050014	051016
4	博时宏观回报 A/B	050016	0501016
5	博时价值贰号	050201	051106
6	博时信川 A/B	050011	051011
7	长城久泰	200002	201002
8	长信金利	519995	519996
9	东方精选成长	400007	400008
10	富国优化强债	100018	100019

　　投资人需要注意的是，后端收费的基金不适合所有的投资人，因为投资人的投资目标和期限不同，有长有短。后端收费的基金优惠需要长期持有才能够显示出来，所以并不适合短期投资人。相反，对长期持有基金的投资人来说，购买后端收费的基金相比购买前端收费的基金更节约成本。

4．长期定投更优惠

　　这里的长期定投指的是在每个月或者每个固定的时间向某只基金定额地进行投资，并且长时间地持有，这是比较常见且有效的资金管理方法。投资人长期定投的申购成本比普通的申购费用更低，更能够节省资金。

　　对于普通的申购来说，投资人每次在申购时都需要缴纳一定的申购费用，然后在基金赎回时也需要缴纳赎回费用，如果基金赎回之后再申购，还需要缴纳申购费。这样反复地操作，手续费用也是一笔不小的开支，不可忽视。站在节省成本的立场来看，也应该选择长期持有基金从而减少频繁地操作。

而且，很多的基金公司对投资人长期持有基金持鼓励的态度，也会对这样的投资人给予一些特殊的优惠。例如，在申购时降低申购费用，当长期定投的投资者持有的基金达到一定的时间后，仍然能够减免申购的费用，所以对投资人而言，长期定投更加优惠。

除此之外，坚持长期定投还有以下一些优势。

◆ 适合的范围较为广泛，广大的投资人都能够采用。

◆ 能够有效地抵抗通货膨胀。

◆ 分期进入基金市场降低了风险。

◆ 能够达到长期复利的效果。

◆ 比起每次单独认购基金，更加地省时、省力和省心。

5. 灵活地转换基金

投资人在进行投资的过程中有时会遇到转换基金的情况，灵活地转换基金可以节约申购成本，下面来具体介绍。

基金转换业务是指投资人在同一家公司旗下的基金产品之间进行运作，按照意愿将所持有的全部或部分基金份额转换为其他开放型基金份额，并同时按照公司规定缴纳一定的转换费用。

基金转换业务是基金投资中的一个节省申购费用的技巧，因为同一家基金公司旗下的基金在进行转换时，都会给投资者一定的费率优惠。比起正常情况下将手中的基金赎回后再申购同一公司下的另一种基金可以节省不少费用，降低投资成本。投资人在转换时需要注意以下问题。

◆ 基金转换只能够在同一家基金公司下的同一账户进行。

◆ 转出基金和转入基金必须都是可交易的状态。

◆ 转换的基金收费方式最好相同，也有例外的基金。

但是需要投资人注意的是，不同基金公司基金转换的规定并不相同，还是要先问清楚了再做转换。

6. 保本型基金"波段操作"应遵守避险期的规定

保本型基金产品的一个明显特征是"保证本金的安全"。投资者只要持有的保本型基金到期，就可以在保证本金安全的情况下，分享基金在避险期内的运作收益。

保本型基金的投资通常分为两个部分，一是保本资产，二是收益资产。保本型基金的保本是有条件的，他们都会有一定的期限限制，一般在 3 年左右。这就意味着在投资期范围内，投资人投资部分的资金不能够随意地流动。如果操作提前赎回，只能够按照净值赎回，另外还要支付手续费用，可能就不保本了。

假如投资人购买了保本型基金，如果不遵守和执行保本型基金关于避险周期的规定，不考虑成本进行基金的频买频卖，将导致意想不到的亏损。因此，对于购买保本型基金的投资者，一定要摒弃股票投资的风格特点，学会坚持长期投资，才不会遭受损失，毕竟近 2% 的申购赎回费率（申购费率为 1.5%，赎回费率为 0.5%）与股票买卖的佣金比率 0.3%（来回 0.6%）相比，是极不对称的。一个交易来回相差近 10 倍的成本，显然不是投资者投资基金的初衷，也不是一般投资者所能接受的。只有遵守保本型基金的避险期规定才能够真正起到节省的作用。

7. 开放式基金也能团购

按照基金公司的规定，认购、申购数额越高，手续费越低。在有条件的情况下进行大量基金的购买能够节约一笔不少的手续费用。如图 3-8 所示为嘉实恒牛中国企业基金的认购和申购的具体信息展示。

○ 认购费率（前端）

适用金额	适用期限	费率
小于50万元	---	1.00%
大于等于50万元，小于200万元	---	0.80%
大于等于200万元，小于500万元	---	0.60%
大于等于500万元		每笔1000元

○ 申购费率（前端）

适用金额	适用期限	费率
小于50万元	---	0.15%
大于等于50万元，小于200万元	---	0.12%
大于等于200万元，小于500万元	---	0.08%
大于等于500万元		每笔1000元

图 3-8 嘉实恒生中国企业基金认购和申购信息

从图 3-8 中可以看到，认购小于 50 万元与认购大于等于 200 万元并小于 500 万元之间的费率相差了 0.40%，而申购小于 50 万元与认购大于等于 200 万元且小于 500 万元之间的费率也相差了 0.07%。这两者之间相差较大。

根据基金公司这一规定，亲戚朋友可以"团结"起来，使一次性购买基金的额度达到可以享受手续费优惠的金额，这样便可以节省一大笔费用。

另外，目前国内出现了专门的基金团购网，办理该网站指定银行的银联卡，开通"银联通"业务，然后就可以在团购网的指导下购买相关基金，享受团购费率优惠。例如，购买华夏宝利配置基金，普通的申购费率是 1.2%，通过团购网可以享受 0.48% 的优惠。

·04

. PART.

認識基金
組合

常見基金
組合形式

構建基金
組合

調整基金
組合

走進基金的組合投資

　　基金投資組合實際上是資產的動態配置和基金風格的互補，通過基金投資組合的形式來實現投資目標，也可以通過對基金組合的調整來適應行情的變化。

🌐 4.1 认识基金组合

> 通常投资人组建基金组合的目的是为了降低投资风险，从而实现长期、稳定的盈利。因此投资人在面对不可预知的金融投资风险时，建立基金投资组合是相当重要的。

1．通过基金组合降低投资风险

基金组合能够通过降低"可分散风险"，从而间接提高预期收益。另外，一套合理的基金组合，能够帮助投资人把握资本市场中时而突现的投资时机，通过长期的积累来帮助我们实现高效投资。那么，怎样的基金组合能够降低投资风险呢？

为了分散风险，不少投资人持有的基金数量甚至达到了十余只，但这样真的就能够分散风险吗？

张姓夫妇是一家饭馆的老板和老板娘，在生意上和生活中都拥有较广的人脉。朋友很多，而从朋友处得到的关于基金的信息更多。每当有朋友谈及哪只基金表现出色时，这对夫妇都会听从朋友的建议去购买。如此一来，张姓夫妇竟然持有 29 只基金。

上述案例描述的情形在现实生活中是比较常见的，很多的投资人知道基金组合能够降低投资的风险，但仅仅是单纯地认为基金数量越多越好，以为这样便能分散风险，提高收益。但实际上这是一种误区，并不是投资了很多只基金就等于构建了合理的基金组合。

如果从构建基金组合的目的来分析，其所要实现的效果首先是分散风

险，除此之外，还要在分散风险的基础上保证收益。简单地说，构建基金
组合，是要让基金投资更有效率。

一支由 5 人组成的篮球队，5 人都是中锋是一种组合，5 人都是前锋
也是一种组合；同样地，5 人分布在中锋、前锋、后卫三个位置上仍是一
种组合。事实证明，后一种方式的效率最高，也最合理。

科学的基金组合，不是片面地"将鸡蛋放进很多的篮子里"，而是要
在综合考虑投资目标与风险承受能力的基础上，将权益类资产与固定收益
类资产进行合理的配置，让基金投资更有效率。

2．构建基金组合的层次

要想构建合理的基金组合，首先要明确各种基金的特点。股票型基金、
债券型基金以及货币型基金等，不同的基金类型，基金的特性不同。了解
了基金的特性之后就可以构建基金组合的层次。

■ 第一个层次

在不同类型的基金之间进行组合配置。即将资金投资在股票型基金、
混合型基金、债券型基金和货币市场基金等不同类型的基金上，有效分散
风险。

一般而言，货币市场基金的比例应控制在 0 ～ 30%，保证部分资产拥
有充裕的流动性；债券型基金应控制在 15% ～ 50%，保证部分资产稳健增
长；股票型、混合型基金应控制在 20% ～ 75%，保证部分资产能够拥有较
高的增值能力。

■ 第二个层次

进一步考虑基金投资风格的平衡。例如，将股票型基金资产进一步细

分为"大盘基金＋中小盘基金"，进一步降低风险并分享市场周期变化中板块轮动所带来的收益。这样皆可以规避集中的风险，又能够分享市场周期变化中板块轮动所带来的收益。

3．基金组合的构建是怎样的

选择什么样的基金和哪几只基金来构建投资组合，这是一个所有投资人都会关注的问题。在众多需要考虑的因素中，投资人自身的投资理念与基金管理人的投资理念是否一致非常关键。

一个不相信基金可以通过择时来把握交易机会的投资人，如果选择了一只频繁进行择时操作的基金，二者就不匹配。投资理念听起来比较空洞，投资人也并不一定意识到它的存在，但它通常反映在操作过程中。基金管理人不同的投资理念决定了其投资策略，而投资者不同的投资理念也决定了其构建基金组合的策略。一般构建基金组合主要有以下几类情况。

■ 动态配置

持基金组合动态配置理念的投资人，一般相信可以找到既有择时能力，又有优选证券（以下简称选证）能力的基金管理人。他们相信基金管理人能够通过预测不同资产类别的短期波动进行市场择时，同时能在看好的资产类别中优选证券。国内大多数基金投资人也会持有这样的想法，特别是一些新手，他们希望基金管理人既有市场择时能力，又有优选证券的能力。很多基金管理人也乐于让投资者相信他们具有这样的能力。

这类基金采取动态配置策略，在不违反契约的规定下主动追求收益最大化。基金管理人相信，通过成功的市场择时能够规避市场的下滑，不需要担心组合的损失。

因此，基金管理人把主要的资产集中在那些他们判断会获得最高回报的资产类别上，并在获得最高回报时卖掉，转换到下一类能盈利的资产类别中，如此反复操作。同时，基金管理人认为他们还能够优选证券，因此会在集中投资的资产类别中优选证券。

■ 分散组合

持这种理念的投资人不相信市场择时而相信优选证券，其基金组合策略是构建一个包括多种资产类别的分散化组合，以降低不可预知的市场风险，重点关注每个类别中具有选证能力的基金。

这类投资者认为预测某类资产在短期内能超越其他资产类别是不可能的，但相信在某一资产类别中选择最佳的证券是可能的，他们更加关注基金的选证能力。例如，他们会长期持有一个包括股票类基金、债券型基金和货币基金的基金组合，同时在每类基金中选择表现良好、具有选证能力的基金。

这一做法的好处是，无论哪种资产类别获得了最高回报，投资者都会有一定的比重参与到该类资产中；坏处是无论哪种资产表现最差，同样也在其中投入了一定的比重。这类投资人不会获得让人惊喜的业绩，但可获得一个合理的回报。大多数专业的基金管理人和投资顾问也持有这样的投资理念，更注重选证而不是择时。

■ 择时交易

持这种理念的投资者相信市场择时，不相信优选证券，其基金组合策略是在不同的资产类别间转换，并使用对应于各类资产的指数化工具来构建基金组合。

这类投资者认为，不同资产类别的短期业绩是可预测的，但是要挑选出优质的证券比较困难。他们在不同的资产类别间转换，期望把握住不同资产类别的机会。同时，因为不相信证券优选，他们会使用低成本的指数基金或 ETF 来实施其策略，构建组合。例如，如果他们预测股票市场将走好，就会投资指数基金或者跟踪不同指数的 ETF；如果他们认为债券市场将走好，就会考虑债券指数基金或者债券类 ETF。使用指数基金，投资者降低了在主动管理中不可避免地选择证券的成本，减少了表现弱于其投资的某类资产的可能性。

■ 静态配置

持这种理念的投资人相信市场是有效的，认为在市场择时和优选证券上都没有预测能力，其基金组合策略采纳多资产类别的基金进行广泛分散化投资，并使用被动管理的基金来构建组合。

这类投资者认为当前的证券价格反映与之相关的公共信息。有 3 个重要的话题与该投资理念相关：第一是适当的资产配置，因为多元化是减轻投资风险的重要手段；第二是成本最小化，这可以通过使用低成本的指数基金或 ETF 来构建组合；第三是投资者的期望要适当，既然要超越市场的期望是不合理的，那就要降低投资的期望。

例如，投资人可以配置一个长期的基金组合，确定好不同资产类基金的目标配置比重（如 50% 的股票基金、30% 的债券基金、20% 的货币基金），同时每类资产使用指数基金或 ETF 来构建组合，并且进行定期的再平衡操作。

需要指出的是，这种资产配置方法不是简单的"买入并持有"策略。随着市场的变化，组合中的资产会偏离目标配置比重，需要通过再平衡来使其恢复到长期的目标配置比重上。

以上这 4 种投资理念以及其基金组合的构建策略之间并没有好坏之分，投资人只需要选择一种，并且长期一致性地坚持，遵守操作基金组合投资规则，都会有一定的成效。

4.2 基金常见的组合形式

> 基金组合因为构建的策略和层次不同，可以分为不同的
> 形式。常见的组合形式有哑铃式、核心卫星式和金字塔式 3 种。

1. 哑铃式基金组合

哑铃式的基金组合指的是选择两种风险和收益明显不同的基金进行组合。典型的哑铃式组合由股票型基金与债券型基金、大盘基金与中小盘基金、价值型基金和成长型基金等组成。如图4-1所示为哑铃式基金的示意图。

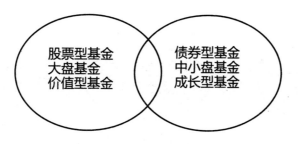

图 4-1　哑铃式基金组合

通过哑铃式基金组合示意图可以看出，基金组合的结构比较简单，对于投资人来说能够方便地进行管理，而组合中不同类型的基金能够形成优势互补。通常情况下，基金组合中两种不同类型的基金比例在 50% 左右。

投资人选择两种风格差异较大的基金进行组合，新的投资组合同时具备两种产品的优点，同时能够规避某些市场波动带来的损失。例如，投资人可以构建一个包含股票型基金和债券型基金的组合，这样的组合兼有成长性和稳定性的优点，在股市大幅度上扬时，该组合能够搏得较大的获利

空间；而在股市表现不佳时，债券市场往往会有积极的表现，此时，投资人也能够获得比较稳健的投资回报。

2. 核心卫星式基金组合

核心卫星式基金组合是一种比较灵活的基金组合方式，组合中的"核心"部分需要选择长期业绩出色并且稳定的基金，而"卫星"部分选择短期业绩突出的基金。核心式的基金组合是"核心＋卫星基金"的组合策略，这样的组合形式能够保障基金组合的长期稳定增长，并且不用投资人频繁进行调整，如图4-2所示为核心卫星式基金组合示意图。

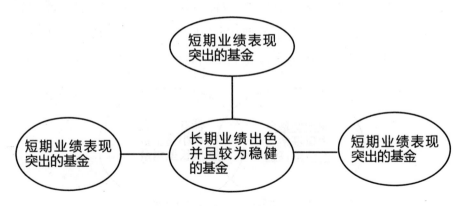

图 4-2　核心卫星式基金组合

图4-2很好地诠释了构建核心卫星式基金组合的配置，组合的核心是要最大限度地满足投资人需求并且体现个人的投资风格。它可以不是排名最靠前的基金，但是选择时基金的发展情况要处于一个中上的水平，长期收益稳定并具有一定的安全性。

小李分别于2014年2月9日和5月15日购买了华夏平稳增长型基金和易基策略成长基金，投资的比例是4：6。前者属于积配型，而后者属于股票型。截止到8月15日，易基策略成长基金累计净值为5.517元，华夏平稳增长型的累计净值为 2.617 元，并且在 5 月 30 日后的股市调整期间，这两只基金的表现均不错，现在小李的收益已经超过 45%，比当初设立的 30% 高出了很多。

小李持有的华夏平稳增长型基金属于平衡性基金，当股市涨时会建仓股票，当股市出现长时间回落时则主要投资债券。而易基策略成长基金的投资比较分散，所以它的抗风险能力比较强，因此它们都是属于比较安全的核心基金选择对象。

而卫星基金的选择应该根据投资人的实际情况，品种任意搭配。一般情况下，卫星基金的选择思路是：收益要好，跑得要快。在短期时间内业绩表现突出的基金中进行选择。

如果投资人选择错了核心基金，或者股市大跌，是不是需要马上赎回基金呢？答案是否定的。尤其是在持有核心基金时间较短，甚至不满一年的情况下仓促赎回，基金组合就失去了存在的意义。这时候可以利用卫星组合基金通过短期收益对冲，有效地保护核心基金长线价值，修改核心基金的误差。

3. 金字塔式基金组合

金字塔式基金组合是有投资经验的投资人常常选择的一种投资方式，投资人首先需要在金字塔的"塔基"配置稳健性的债券型基金或者相对灵活的混合型基金；其次在金字塔的"塔身"配置一些能够与市场大趋势相接近的基金；最后在金字塔的"塔尖"配置高成长性的股票型基金。

在金字塔基金组合中，投资人可以根据自己的投资目标与风险偏好，在各种类型的基金中进行适当的调整，完善自己的组合配置。如图 4-3 所示为金字塔式基金组合的示意图。

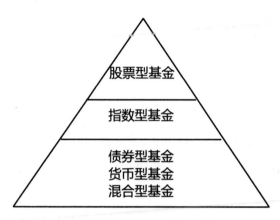

图 4-3　金字塔式基金组合

一般情况下，"金字塔"理财组合中的"塔基"部分可占家庭全部资产的 50%，"塔身"保持 30% 左右的比例较合适，"塔尖"则为 20%。当然，具体比例可视个人风险喜好及承受能力程度而做灵活调整，但在目前通胀加剧与市场风险不确定性趋大的背景下，建议"塔基"部分最低比例不应少于 40%，"塔尖"部分最高比例则不超过 30%。

在当前形势下，金字塔式基金组合的最大特点就是稳健，通过高、中、低不同风险的投资比例组合，实现个人资产保值、增值。

🌐 4.3 构建适合自己的组合基金

"不要把鸡蛋放在一个篮子里"，这个道理很多的投资人都懂，但是投资人应该如何根据自身的风险偏好、期望收益率等因素来从众多的基金产品中构建一个适合自己的基金组合呢？

1. 构建基金组合的步骤是什么

构建基金组合主要有以下几个步骤，分别是明确投资目标、确定组合风险类型、构建核心基金以及非核心基金的搭配。下面来具体介绍。

■ 明确投资目标

投资人的投资是建立在投资目标基础上的。所以，首先要明确自己的投资目标，其中包括自己的风险承受能力、年龄阶段及资产状况等。

只有清楚了上述信息之后才能够制定出适合的投资目标，如增值目标、教育目标以及养老目标等。然后根据这一个目标构建出一个基金组合，也可以根据不同的目标构建出多个单独的基金组合。如图 4-4 所示为某投资人根据自己的投资目标构建的基金组合。

增值组合一	用投资资金的20%购买长期业绩稳定且比较优秀的股票型基金，通过股票市场上涨带来的红利达到投资目标。
教育组合二	投资人的孩子3年后开始上小学，孩子的教育是一笔大的支出。投资人将投资资金的30%用于购买一部分债券基金和货币基金，并打算长期持有。
购车组合三	2年后投资人准备更换一辆车，所以投资人打算将投资资金的30%用于购买债券基金和指数型基金，其中两类基金比例各占50%。
养老组合四	由于生活压力日渐增大，投资人打算尽早地为自己和家人存一份养老基金，由于存续时间较长，所以投资人将剩下20%投资资金中的80%用于债券型基金投资，20%用于指数基金的购买。

图 4-4　某投资人的基金组合

■ 确定组合风险类型

前文提到过基金组合可以有效地分散投资风险，并且提高投资收益，但是不同组合的基金风险收益也会有所差异。根据风险偏好的不同，投资人可以参考下面 5 种类型来构建自己的基金组合。

◆ 保值型基金组合

保值型基金组合适合风险承受能力低或者难以承受亏损，期望资产保值且投资目标实现周期短（不足 10 年）的投资人，如图 4-5 所示。

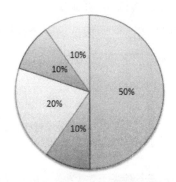

图 4-5　保值型基金组合比例

保值型基金组合偏重于资金的保值，而债券型基金呈现的特点是稳定增长。所以债券型基金占的比例为 50%，货币型基金比例为 10%，现金比例为 20%，混合型基金比例为 10%，而相对风险性稍高的股票型基金所占比例为 10%。

◆ 保守型基金组合

保守型基金组合有点类似于保值型基金组合，在风险承受力方面也比较适合一些风险承受能力低或者难以承受亏损，但期望资产稳步增值且投资目标周期较短（不足 10 年）的投资人，如图 4-6 所示。

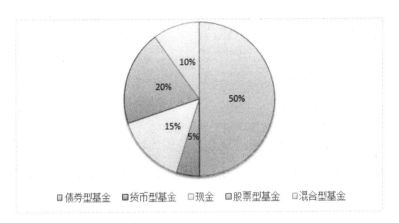

图 4-6　保守型基金组合比例

由图 4-6 可以看出，对于保守型基金组合来说，50% 的债券型基金和 10% 的混合型基金相比于保值型基金组合并没有变化，由于追求稳步的增长，在原来保值型基金组合的基础上增加了股票型基金的比例为 20%，同时也就减少了现金和货币基金的比例，分别为 15% 和 5%。

◆　平衡型基金组合

平衡型基金组合适合具有一定的风险承受能力，例如能够忍受半年内连续的亏损，同时期望资产稳健快速增长，投资目标实现周期较长（15年以上）的投资人，如图 4-7 所示。

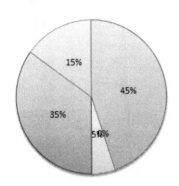

图 4-7　平衡型基金组合比例

由图 4-7 可以看出，平衡型基金组合没有了货币基金，人幅度地增加了股票基金比例，达到了 35%，债券基金比例为 45%，混合型基金的比例为 15%，现金的比例为 5%。

◆ 成长型基金组合

成长型基金组合比较适合风险承受能力稍高，比如一年内的连续亏损，期望资产能够快速增长，增长的幅度高于平衡型基金组合，且投资目标实现周期较长（15 年以上）的投资人，如图 4-8 所示。

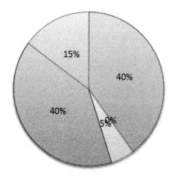

■债券型基金　■货币型基金　□现金　■股票型基金　□混合型基金

图 4-8　成长型基金组合比例

成长型基金组合实际上是在平衡型基金组合的基础上增加了 5% 的股票型基金，比例为 40%，同时降低债券型基金的比例至 40%，其他的比例不变。

◆ 进取型基金组合

进取型基金组合一般适合风险承受能力较高，比如能够忍受 2 年内连续亏损，追求资产高价值的增长并且投资目标实现周期较长（20 年左右）的投资人，如图 4-9 所示。

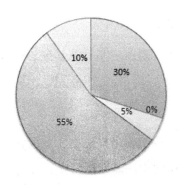

□债券型基金　□货币型基金　□现金　□股票型基金　□混合型基金

图 4-9　进取型基金组合比例

由图 4-9 可以看出，进取型基金组合中高风险高收益的股票型基金所占比例已经达到 55%，超过了一半。然后配置了 30% 的债券型基金、10% 的混合型基金以及 5% 的现金。在成长型基金组合的基础上提高了风险性。

本书第二章介绍了如何测试自己的投资风格类型，根据测试结果选择适合自己的基金类型就可以尝试构建自己的基金组合了。

■ 构建核心基金

针对每个投资目标，投资人应该选择 3 ~ 4 只业绩稳定的基金构建核心组合，这是决定整个基金组合长期表现的主要因素。选择基金时可以根据同类型基金的历史业绩表现来选择，并从长期的角度来衡量基金的增长能力。如果某只基金在接下来的 2 ~ 3 年内都没有达到预期的收益，就可以考虑将这只基金替换掉。

一般来说，大盘平衡型基金适合作为长期投资目标的核心组合，而短期和中期波动性比较大的基金较适合作为短期投资目标的核心组合。需要投资人注意的是，基金组合一旦构建成功，便不要轻易地改变，更不能够频繁地调整基金组合。正确的投资人，坚持长期投资才是投资的关键。

■ 非核心基金的搭配

除了核心基金外，不妨搭配一些行业基金、新兴市场基金以及大量投资于某类股票或行业的基金，以使投资多元化，并且增加整个基金组合的收益。

同时，小盘基金也可以进入非核心组合，因为相比大盘基金，小盘基金的波动性较大。这样构建出的基金组合是，核心基金为大盘基金，非核心基金为小盘基金或者行业基金，整个组合呈现出平稳增长的趋势。但是需要注意，这些非核心基金的风险较高，所以需要小心投资，以免对整个基金组合造成影响。

2. 构建基金组合的数目

在组合中持有多少基金为最佳？这并没有定律。需要强调的是，整个组合的分散化程度远比基金数目重要。如果你持有的基金都是成长型的或是集中投资在某一行业，即使基金数目再多，也没有达到分散风险的目的。相反地，一只覆盖整个股票市场的指数基金，可能比多只基金构成的组合更能分散风险。

一般情况下，整个组合的基金数量最好不要超过 7 只。美国晨星之前做过一个假设性的投资组合：基金个数从 1 ~ 30 不等，同时更换不同的基金品种，然后分别计算每种组合 5 年的标准差。高风险的基金组合通常收益和损失较大，但是较少的基金数目也能够获得较低的波幅，单只基金的波动率最大。长期来看的话，持有一只基金无异于参加一场风险较大的赌博，增加一只基金可以明显地改善波动的程度，虽然回报降低了，但是不必承担较大的下跌风险。组合增加到 7 只基金以后，波动的程度没有随着持有个数的增加而下降。所以，7 只基金应该是投资人比较理想的基金数目。

🌐 4.4 调整基金组合

> 虽然不建议投资人频繁地更换调整基金组合，但是也不是一成不变，任其发展。应该随着市场行情的变化而进行调整，而调整基金组合也需要一定的技巧。

为了实现投资目标，组合中各类资产的比例应维持在一个相对稳定的状态。随着时间的推移，组合中的各项投资的表现各有高低。如果某些投资表现特别好或特别差，会使整个组合失衡。例如，组合中 25% 为中期债券，10% 为小盘成长股，65% 为大盘价值股。如果小盘成长股大涨，可能使组合中小盘成长股的比例大增。投资人应定期调整组合的资产比例，使之恢复原定状态。

1. 根据市场变化来调整

随着市场的变化，基金组合不可能一直表现良好，这时候就需要根据市场的变化情况来调整基金组合，但是也要控制投资方向不发生大的变化。

例如，在债市表现低迷的时候，可以提高货币基金比例，作为低风险类别的代替品；而在股市调整债或股市回暖的市场环境中，则应适当提高债券基金的配置比例。

根据个人的风险承受能力配置基金组合，这在股市的超预期波动中才能够显示出其重要性。如果投资人自己无法预判市场走势，那么基金组合中不同风险类别的适当配比就应当是一个基本原则。建议积极型投资人的偏股基金仓位保持在 60% ~ 80%；稳健型投资人的偏股基金仓位保持在

50% 左右；而保守型投资人的偏股基金仓位在 30% 以下。

在变化的市场环境下，基金组合结构应积极调整。在股市已经急跌的情况下，决定基金坚守还是择机调整的主要依据就是一直强调的灵活性。那些具有前瞻性投资思路与操作风格灵活的基金可以保留，而思路保守或僵化的基金仍应择机剔除。建议组合调整时机的原则是，向上震荡时调出基金，既可优化组合结构，又可适当规避风险；而在向下震荡时，逐步调入基金。

2. 基金组合的基本面发生变化及时调整

在基金组合运作的过程中，每只基金的"基本面"都有可能因为市场因素、政策因素等客观环境发生变化而变化，而这些变化对整个基金组合也会产生影响。下面通过实例来介绍。

【提示注意】

这里讲到的基金"基本面"指的是基金的投资风格、基金管理团队以及基金公司的风险控制能力等。

王女士，43 岁，本科，北京一自由职业者，每月税后收入 5000 元，其他家人每月税后收入 2500 元，家庭日常月均开支为 3000 元，另外还有保险费年支出 1 万元，教育费年支出 5000 元。家庭成员均有三险和商业保险。家庭现有现金及活期存款 10 万元，企业债券、基金及股票 10 万元，两处位于市区的房产市值共 360 万元，贷款余额 40 万元，其中一套出租，月租金收入 8000 元。另外，家庭还有汽车及家电价值共 22 万元。

通过风险测试表可知，王女士有一定的风险承受能力，投资意识较好，对投资也很了解，王女士于 2012 年按 3：3：4 的比例，投资于债券型、平衡型及股票型基金构建的基金组合。

其中王女士购买的一只小盘成长型基金的高科技股资产不足 30%，并且净资产在 2 亿元左右，3 年的历史成绩在同类型的基金中排名也比较靠前，符合王女士的要求。但是 2014 年王女士对这只基金进行检查时发现其发生了改变。基金中的高科技股资产占了总资产的 50% 以上，同时净资产已经超过了 8 亿元，从原来的小盘成长型基金变成了中盘成长型基金。原来以前的基金经理已经跳槽了，经过反复地思考，王女士赎回了这只基金，对基金组合重新进行了评估和调整。

当一只基金当前的基本面已经不再与投资人构建这一基金组合时相符合，就应该考虑是否对其进行调整。其实基金基本面发生变化的情况在投资过程中比较常见。尽管对于规模较大、管理规范的基金公司来讲，基金经理的跳槽对基金的业绩影响较小，但是对于规模较小的基金公司来说，影响却要大一些。

3. 调整基金组合需要注意什么

在调整基金组合的时候投资人需要注意以下问题，避免走入误区，如图 4-10 所示。

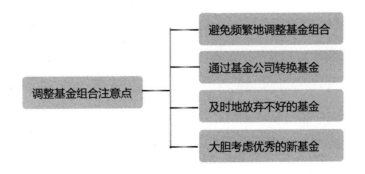

图 4-10　调整基金组合注意事项

◆ 避免频繁地调整基金组合

基金投资是中长期的投资，基金组合的收益通常需要一段时间之后才能够显现出来。投资市场有风险，同时不是稳定不变的，投资人在关注市场变化的同时，不要随时对基金组合进行调整。因此，类似于股票投资的"波段操作"和"短线操作"并不适用于基金投资，避免因为频繁地调整基金组合而带来不必要的损失。

【提示注意】

波段操作是指投资股票的人在价位高时卖出股票，在低位时买入股票的投资方法。而短线操作是指一周左右或两三天的操作。由于它们都是典型的投机行为，所以看重的是个股的技术面，而不必理会股票基本面好坏之类的问题。

一般来说，每年对基金组合进行一次调整是比较适合的，这样既可以保证基金组合与投资目标的契合，又能够减少投资成本。

◆ 通过基金公司转换基金

我们都知道通过基金公司直销购买基金往往更加便宜，调整转换基金也是如此。如果投资人选择持有同一家基金公司的几种不同类型的基金，那么在调整基金组合时采用基金转换的方法进行，可以节约不少投资成本。

◆ 及时地放弃不好的基金

如果一只基金长期业绩不佳，但是与基金组合整体基准相差不大可以考虑继续持有观察。但是如果一只基金长期表现不佳，且大大低于业绩基准，则需要果断地做出决定放弃基金，调整转换基金。

某投资人持有的基金组合中有两只基金 A 和 B，A 在持有的两年中增长了 50%，B 在这期间却亏损了 20%，现在应该如何进行调整呢？

一般情况下，有的投资人会选择赎回 A 基金赚钱，然后继续持有 B

基金，等待解套。实际上这种调整组合的方式是错误的，对于基金的赎回和买入应该根据长期来看。B 基金长期出现亏损状态，查看基金是否大幅度地低于业绩基准，未来有没有增长的可能性，对于整个基金组合的影响时怎样的。衡量之后，如果 B 基金长期亏损，拖累整个基金组合，就应该及时放弃该基金。

◆ 大胆地考虑优秀的新基金

在调整基金组合的过程中，常常需要增加新的基金来平衡基金组合，或者是替换组合中的某只基金。此时投资人应该从综合的角度来考虑，例如资产配置、投资风格以及历史综合业绩等，大胆地考虑将优秀的新基金引入组合当中。

4. 实例分析基金组合调整

前面讲到了很多基金组合的相关知识，下面以具体的案例来分析基金组合的调整情况。

张小姐持有的基金组合如表 4-1 所示。

表 4-1　张小姐基金持有情况

基金代码	基金名称	基金类型	基金公司	持有比例
70099	嘉实优质企业	股票型	嘉实基金	15.21%
70013	嘉实研究精选	股票型	嘉实基金	13.18%
162212	泰达宏利红利	股票型	泰达基金	12.58%
20023	国泰事件驱动	股票型	国泰基金	10.36%
630011	华商主题精选	股票型	华商基金	10.34%
260104	景顺内需增长	股票型	景顺长城	9.28%
161005	富国天惠成长	混合型	富国基金	8.36%
100029	富国天成红利	混合型	富国基金	7.43%
377530	上投行业轮动	股票型	上投摩根	7.15%
202301	南方现金增利 A	货币型	南方基金	6.11%

　　可以看到组合内的基金品种多达 10 只，资产配置过了分散，这对于资金的集中管理是不利的。对于风格类似的基金可以从中精选出几只稳定性强、波动比较小的，同时将由经验丰富的基金经理管理的基金长期持有。另外，还可以适当地配置几只债券基金或者货币基金，在降低组合净值波动幅度的同时，还能够分散组合投资，更好地实现增值。

　　为降低管理成本，建议张小姐减少组合品种，在同一投资风格中，精选 3～4 只业绩稳定、选股能力突出的绩优基金集中持有。对于稳健型投资人来说，可适当提高混合型基金和货币基金的配置比例，以平衡组合风险，降低净值波动，如表 4-2 所示。

表 4-2　调整后基金组合配置

基金代码	基金名称	基金类型	基金公司	持有比例
100029	富国天成红利	混合型	富国基金	30%
630011	华商主题精选	股票型	华商基金	20%
162212	泰达宏利红利	股票型	泰达基金	20%
377530	上投行业轮动	股票型	上投摩根	15%
202301	南方现金增利 A	货币型	南方基金	15%

　　如果张小姐是积极型投资人，则具备一定的风险承受能力，能够以较高的净值波动搏取更高的投资回报。因此，组合中可以股票型基金为主，但仍需配置一定比例的货币基金，以满足流动性需求，如表 4-3 所示。

表 4-3　调整后积极型投资人组合配置

基金代码	基金名称	基金类型	基金公司	持有比例
630011	华商主题精选	股票型	华商基金	30%
70013	嘉实研究精选	股票型	嘉实基金	20%
162212	泰达宏利红利	股票型	泰达基金	20%
100029	富国天成红利	混合型	富国基金	20%
202301	南方现金增利 A	货币型	南方基金	10%

.PART.

定期定投
组合

新基民买
基金组合

玩转组合
的关键

基金组合的深入了解

　　基金组合的配置多种多样，配置得好就能够为基民带来
高收益；反之，如果配置得不好，就会给基民带来巨大的损失。
所以如何配置成了基金组合的关键，对于初入基市的基民来
说，又该如何简单地购买基金组合。

5.1 定期定投巧组合

> 基金定投是目前广大普通投资人较好的投资理财方式。所以对于投资人来说，基金定期定投的组合配置就显得格外重要。

1. 定投基金组合的技巧

在市场发展前景不错的情况下，选择基金定额定期投资是比较好的投资方式。但值得注意的是，并不是所有的基金都适合定投。在选择基金做定投组合时不能盲目地依据基金的单位净值排行榜来进行选择，选择定投组合基金应该遵循以下原则。

■ 定投基金的资产配置

定投组合有别于定投单只，在条件允许的情况下定投的基金数量最好不要超过 4 只，类型可以选择指数型基金、股票型基金、混合型基金以及债券型基金。美国著名投资大师彼得·林奇通过实证提出，从证券市场的长期发展来看，持有股票资产的平均收益率要远远超过其他类别资产。因此，定期定额选择股票型基金尤为合适。

在配置定投组合时，不能够过于简单地只是购买组合，"哑铃式基金组合""核心卫星式基金组合"以及"金字塔式基金组合"都可以建立。例如，建立核心卫星式组合，选择指数型基金作为基金定投组合的核心，可以占基金定投组合的 40% ~ 60%，其他可以配置混合型基金 10% ~ 20%、债券型基金 30% ~ 40%。除此之外，在定投之中也需要根据市场的走势进行调整，比如，调整偏股票和债券型的投资比例。

■ 定时投与跌时投

在定投中比较激进的投资方式是"跌时投"，指的是在基金大跌时大量地买进。从长期来看，经济走势较好，股市呈现上扬的趋势，基于这样的预期情况，在市场大跌的时候加大投资力度，比简单的基金定投收益高出很多。

以定投 1000 元某公司沪深 300 指数基金为例，每当基金单日市场跌幅超过 3% 就增加 500 元的定投，若单日的市场跌幅超过了 5%，就增加 1000 元的定投。当市场出现牛市时，大量买入的优势就立刻呈现出来，一般会有 20% 左右的收益。如果只是常规的定投，那么收益在 10% 左右。

■ 定投方式巧变化

当大盘呈现"猴市"，投资人定投的方式也得到了改变，原本的定期定额投资变成了可增可减的投资。基金定投和股票一样，基金的定投也可以逢高建仓，逢低加仓，不一定按照定投的套路，原封不动。在定投的组合基金中，单位净值增高的基金可以适当减仓，净值降低的基金可以适当增仓，依此随时调整投资人的基金组合情况。

【提示注意】

猴市，形容股市的大幅震荡的情况，股市上涨叫牛市，下跌叫熊市，把这二者之间的运作状态称之为猴市，也就是说从大盘来看没有一个明确的上涨或下跌方向，市场分化比较严重，展开的波段也较多，反复地大幅震荡，所以就用它来比喻股市的大幅震荡。

2. 怎么构建自己的定投组合

有的人认为基金定投就是一种懒人式的投资，只要设置以后，固定时间扣钱就可以了。事实上并不是这样，基金定投也是投资，虽然分摊进场成本，减少了风险，但是投资都会存在风险，入市都需要谨慎。基金的定投组合构建有一定的步骤，其具体介绍如下。

■ 确定定投目标

和构建基金组合一样，定投组合的构建第一步首先要确定自己的定投目标。投资过程中资产的止损和止盈都要按照目标进行。通常情况下，在波动的市场中，定投组合的止盈目标在 20% ~ 30%；在牛市情况下，设置 50% 左右的止盈目标。当目标达到了之后根据实际情况进行赎回，或者继续持有。但如果投资人只是简单地将基金定投当作一种组合的话，是没有止损点的。因为可以通过转换、暂停以及新增基金来实现组合收益。

■ 基金的选择

不是所有的基金都适合做定投，单纯性的债券型基金定投意义不大，一次买入，定时赎回就行。但是可转债型基金是个例外，可以将这类型的基金当作偏股票型基金来考虑。

在 A 股中，定投更倾向于主动型基金。这些基金因为有基金经理主动管理，所以很多情况下业绩都是累积增加，可以直观地查看表现基金的单位累计净值。定投是一个长期的过程，选择基金的时候也不能着眼于它短期的收益，一般选择参考收益的区间是 3~5 年，除了看排序的业绩之外，还要看一下业绩表现是否稳定，管理人员是否稳定。

基金毕竟是个长期投资的过程，稳定地增长比大起大落更符合我们的要求。当然也有一些好的基金可能成立不久，但是没有长期业绩支持，怎么办呢？那就看一下它的基金经理的业绩表现，选择业绩表现比较稳定且优秀的基金经理所管理的新基金。

■ 设置购买

已经有了确定的想法以及选择好基金组合，接下来就是设置购买。毕竟说得再多，想得再多都不如实际行动来得实在。在基金购买平台中设置好定投的期限以及定投的金额，然后按时向账户中存款就可以了。

另外，不是做好资产配置之后就高枕无忧了，投资人还需要定期检查定投组合，并根据实际情况适时调整。一般来说，投资人可以每半年检查一次，并根据具体情况进行调整。

之所以要调整，是因为经济的发展状况在逐渐发生着变化，而投资理财的组合必须跟上这种变化，才不至于遭受损失并获得相应的最大收益。当经济成长减缓，市场进入降息阶段，投资者应增加债券的配置比例；当经济开始出现复苏，股市整体走强，市场进入加息周期，投资人应该逐渐增加股票的投资比例；而当经济成长趋势由高峰下滑且成本的上扬导致通货膨胀压力升高时，投资人应增大现金的持有比例。

3. 认识典型的基金组合

投资人在基金投资过程必不可少地需要对基金组合进行调整，才能够为自己赢得丰厚的收益。而在调整时，投资人需要了解自己的基金属于什么类型的组合。除了前文提到过的哑铃式、核心卫星式以及金字塔式基金组合之外，还需要对以下组合类型进行了解，以方便配置。

■ 类型配置组合

类型配置组合是指通过投资于不同类型的基金，来平衡投资风险。例如，当两种基金组合为偏债型时，其基金组合的风险会较低而收益也相对较低。但是，当两种基金组合为偏股型时，其基金组合的风险就会较高而收益也会较高。

■ 风格平衡组合

风格平衡组合是指把基金按照风格进行分类，在主要的基金风格类型中挑选优胜者建立平衡配置组合。例如大盘基金＋小盘基金组合、成长基金＋价值基金组合等。风格平衡组合的预期收益应高于同类基金平均水平。

风格平衡组合在某种程度上和核心卫星式组合类似，但需要投资人对各种投资风格的基金有更多的分析和选择能力。因此，适合有一定分析能力的准专业投资人。

风格平衡组合也不需要频繁地调整基金组合，因为调整既有风险，同时还有较高的成本。如果组合基金的表现没有出现明显的问题，在半年到一年的时间内不需要对组合进行重大调整。

■ 灵活调整组合

灵活调整组合是指根据对基金业绩表现的综合判断，在各个风格类型之间进行倾向性配置，从而取得明显超越平均水平收益的组合投资。灵活调整组合操作难度较高，但预期收益率也较高。由于灵活调整组合需要较高的专业水平，所以要因人而异。

总之不同类型的基金投资人适合选择不同的基金组合类型，以上几种典型的基金组合中，对于专业分析能力不是很强的投资人而言，可以在基金类型配置的基础上，以核心卫星式组合作为组合的基本方向。

更具体地说，在组合的核心部分可以选择一只指数型基金，一只或两只长期表现较好且稳定的基金；而在组合的灵活投资部分，可以选择近期表现较好的一只或两只基金。虽然近期业绩表现好的基金不一定具有持续能力，但是组合的均衡配置降低了投资者错误选择的风险。

4. 定投组合实例分析

郑女士是一名普通白领，工资每个月有 5000 元左右。听朋友介绍之后，于 2010 年开始接触基金。由于每个月的工资有限，除去每个月的生活、住房以及水电等开支外，只有 2000 元左右的余额。

郑女士考虑再三决定做基金定投组合，每个月用 1000 元来做投资。经过考察，她选择定投诺安新经济（000971）基金 500 元，兴全趋势投资混合（LOF）（163402）基金 200 元，上投摩根民生需求（000524）基金 300 元。

郑女士选择的诺安新经济和上投摩根民生需求都是股票型基金，这两只同种类型的基金是一荣俱荣一损俱损的，即如果股市上涨，两只基金都会上涨；相反，股市下跌，两只基金都会下跌。这样看来，组合投资的意义不大，没有起到分散组合投资，降低风险的作用。

下面来具体地分析郑女士购买基金的组合，如图 5-1 和图 5-2 所示分别为诺安新经济和上投摩根民生需求两只基金 2016 年上半年的收益走势图。

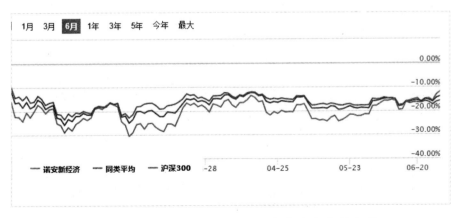

图 5-1　诺安新经济基金 2016 年上半年收益走势

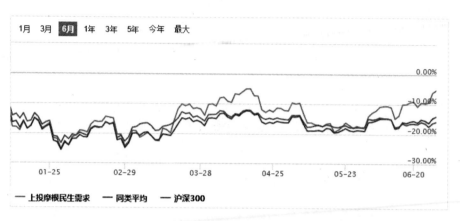

图 5-2　上投摩根民生需求基金 2016 年上半年收益走势

　　将这两只基金同时与沪深 300 进行比较可以看到，虽然两只基金都随着沪深 300 的增长而增长，下跌而下跌，但是诺安新经济走势明显低于沪深 300，而上投摩根民生需求却在一定程度上大幅度地高于沪深 300。在定投的基金组合中，为了避免同种类型的基金重复投资增加风险，可以舍弃一只。两只基金中上投摩根民生需求比诺安新经济发展走势要好，郑女士可以将诺安新经济舍弃。

　　兴全趋势投资混合基金综合来看比较好，2016 年上半年在同类基金中排名比较靠前，发展比较稳定，如图 5-3 所示。

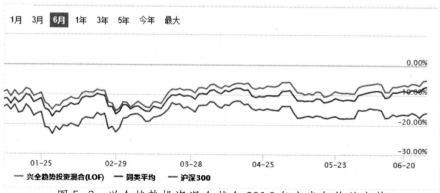

图 5-3　兴全趋势投资混合基金 2016 年上半年收益走势

另外这只基金可以选择后端收费，这样可以在申购时不收取申购费，在赎回时收取。如表5-1和表5-2所示。

表5-1 申购前端费率

适用金额	适用期限	费率
小于50万元	-	1.50%
大于等于50万元，小于100万元	-	1.00%
大于等于100万元，小于1000万元	-	0.50%
大于等于1000万元	-	每笔1000元

表5-2 申购后端收费

适用金额	适用期限	费率
-	小于1年	1.80%
-	大于等于1年，小于2年	1.00%
-	大于等于2年，小于3年	0.50%
-	大于等于3年	0.00%

由申购前端收费和申购后端收费的对照表格可以看到，后端收费有别于前端收费，费率低于前端收费的费率。这与适用期限有关，基金持有时间越长，费率越低，持有满3年之后就免收费用。基金组合定投是一个中长期的投资，后端收费的基金对投资人来说是一个不错选择，可以节省一部分的投资成本。

基于上面的分析，郑女士可以将上投摩根民生需求基金作定投500元，而兴全趋势投资混合（LOF）基金定投300元。如果郑女士偏向于高风险的投资类型，可以另外配置一只指数型基金定投200元；如果偏向于风险较低的投资类型，可配置一只债券型基金定投200元。

5.2 基金"小白"怎么购买基金组合

前面虽然讲了很多关于基金组合的构建方法、构建原则以及基金组合的配置等，但是对于没有投资经验，甚至初入基市的基民来说，构建一个适合自己、配置平衡的基金组合还是比较困难，下面来讲解怎么解决这一难题。

目前，涉及基金研究、销售及资产管理的各类专业机构，都会推出自己的基金组合，有的作为研究、销售的延伸服务，有的已成为资产管理产品。这些机构希望为投资者提供基金投资服务，展示自身的专业能力。的确，好的基金组合是能带来价值的，是在基金产品数量爆发后的一种投资基金的模式。但是，基金组合和配置的效果，却需要投资人在接触到这些服务或产品时进行仔细评估。

1. 基金研究机构推荐组合

基金研究机构会定期给出基金投资策略和基金组合配置建议。这些策略和组合代表了基金研究机构对未来投资机会以及市场发展的判断，体现了这些机构的专业能力。对于初入基市的基民来说，在不懂如何配置组合的情况下，可以参考专业研究机构的组合推荐来配置自己的基金组合。

现在的基金研究机构有很多，例如，好买基金研究中心、众禄基金研究中心、晨星网及理柏等。除此之外，证卷公司也有自己的研究机构，如海通证券基金研究中心、国金证券、银河证券等。下面以好买基金研究中心为例来介绍。

Step01 进入好买基金网首页（http://www.howbuy.com/），在浏览网页时可以用"游客"身份进行。

Step02 在页面中间位置的推荐板块处，单击"组合推荐"超链接。

Step03 页面跳转至组合推荐页面，可以查看到推荐的基金组合、适宜投资的时长、投资的原因以及各只基金的情况，如果觉得适合可以单击"购买"超链接。

不可否认的是，这些策略和基金组合确实具有一定的参考价值，但同

时这些组合也具有一定的局限性，投资人需要留意以下 3 个方面的问题。

◆ 有的基金组合推出时间间隔太短，考虑到转换成本，投资人在实际的操作中很难频繁地进行转换。组合推出的频率太快，并且组合中的基金变化较大的话，对于基金投资是不适当的。

◆ 由于研究机构的组合没有明确的目标客户，其针对性必然不强。有的组合甚至不是客户导向的，而是投资领域导向的。例如，针对股票基金推出股票基金组合，针对 QDII 推出 QDII 组合，针对债券基金推出债券基金组合等，这与投资人实际操作中资产配置的理念并不相符，这样的组合在实践中意义不大。

◆ 这些组合推出后，没有人做长期的跟踪评估，因此，很难评价这些组合的表现。

所以，介于这些方面的问题，投资人在面对研究机构推荐的基金组合时更多的是作为一个参考，结合自己的投资目标来进行筛选。

2. 基金销售机构推出的基金组合

在基金组合推荐方面，有的基金公司做得更加全面，甚至推出了"账户管理"服务，但是效果如何还需要较长时间的观察和评估。

有一个观念需要投资人理解，就是基金的投资业绩不等于投资人的回报。投资人会发现有的时候基金赚钱了，但是自己的账户却亏损了，主要原因是投资人普遍倾向于做阶段性的进出，买卖点没有把握好就会错失基金投资的一大部分收益。

有基金公司在提升投资人回报方面做了一些工作，这一出发点是好的，最终的效果则有赖于专业的能力。在具体的操作中，这类机构开发出了从市场预测、资产配置到基金选择的完善的投资决策系统，推出基金组合，为基金投资人提供投资建议，并且在此基础上，推出了"账户管理"服务。投资人只需要签订授权协议书，通过授权，由专业投资经理来帮投资人选择产品、构建组合、控制风险。

例如，展恒基金网的"一键通"服务，根据不同的风险偏好将基金组合分为保守型、稳健型、平衡型和积极型。投资人可以根据自己的风险偏好选择适合自己的基金组合，如图5-4所示。

图5-4　展恒基金网"一键通"组合基金类型

以保守型基金组合为例，通过配置详情页面可以查询到基金组合的配置详情、业绩表现以及配置点评信息，内容比较全面，服务比较周到。投资人通过对组合基金进行了解，确认之后就可以在网站直接购买。如图5-5和图5-6所示为保守型基金组合的配置详情和业绩表现。

配置详情			购买
基金名称	配置比例	近一年收益	近六个月收益
中邮稳定收益债券A	30%	7.24%	1.94%
富国天利增长债券	30%	7.50%	2.26%
大摩强收益债券	30%	10.41%	3.14%
南方现金增利A	10%	2.91%	1.29%
一键通组合	100%	13.95%	7.16%

图 5-5 保守型基金组合的配置详情

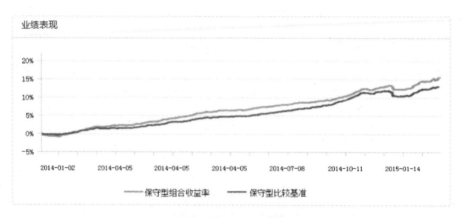

图 5-6 保守型基金组合的业绩表现

相比基金研究机构来说，基金销售机构的服务更加全面，信息更加完善。有针对性地面对不同的投资人，推出不同的基金组合。对投资人来说，这样的组合比较方便。

但是，由于这项服务开展的时间还不长，其效果如何还需要观察和评估。而关键点是机构的专业能力能否得到信任，推荐的基金组合长期看是否有稳定的表现，最终能否真正为投资者创造价值。

3. 券商的 FOF 产品

FOF（Fund of Fund）是一种专门投资于其他证券投资基金的基金。

FOF 并不直接投资股票或债券，其投资范围仅限于其他基金，通过持有其他证券投资基金而间接持有股票、债券等证券资产，它是结合基金产品创新和销售的基金新品种。

相比前面的两种基金组合推荐，真正以产品方式运作的基金组合是券商的 FOF 产品。但经过几年的发展，这类产品目前陷入危机，在业绩和风险控制方面都不尽如人意。

FOF 的策略是从众多不同类型的基金中精选出好的基金，以期获得超越一般基金的业绩。目前，国内的公募基金还不能直接投资其他的基金，主要投资二级市场的 FOF 产品都是券商发行的。

截至 2012 年底，国内券商 FOF 共有 42 只，管理的资产规模不足 170 亿元，大多数 FOF 产品管理的资产规模在 5 亿元以下。作为一款配置型的理财工具，虽然也有部分 FOF 表现不错，但是作为一个整体，FOF 的业绩并不理想，中期和短期业绩与中证基金指数对比都没有优势。

众禄基金网的配置宝就是一款 FOF 型的服务产品。将资产配置与公募基金产品筛选流程结合起来，根据市场情况来选择优质的基金。如图 5-7 所示为配置宝在 2014 年到 2016 年 6 月配置期间模拟的收益变化。

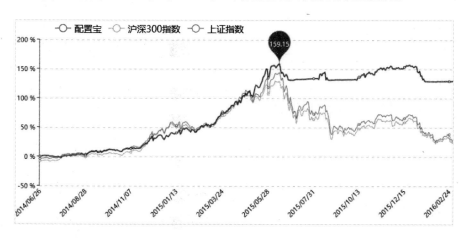

图 5-7　配置宝收益走势

2014 年初至 2016 年 6 月 27 日期间配置宝模拟账户收益为 136.44%，同期沪深 300 上涨 33.93%，创业板指数上涨 68.03%。

一方面，FOF 将多只基金捆绑在一起，投资 FOF 等于同时投资多只基金，但是相比一般的基金分别投资，成本却大大降低了；另一方面，与基金超市和基金捆绑销售等纯销售计划不同的是，FOF 完全采用基金的法律形式，按照基金的运作模式进行操作；FOF 中包含对基金市场的长期投资策略，与其他基金一样，是一种可长期投资的金融工具。

此外，在风险控制上也没有充分地体现出 FOF 分散风险、稳健业绩的特征。这主要是因为国内 FOF 并不是海外传统意义上的只配置基金的FOF，而是把股票也纳入了配置的范围，最终造成了业绩的大幅波动，加大了组合的风险。

5.3 玩转基金组合的关键

> 基金组合搭配得好，就能使投资人的收益翻倍，反之，则损失惨重。在这个基础上，如何玩转以及怎样才能玩转基金组合，成为了投资人关注的热点。

1. 攻守兼备的基金组合

投资人在构建自己组合的基金时，都会运用基金组合的各种类型，在组合类型的基础上选择适合自己的基金进行构建。在构建的时候，投资人可以参考图 5-8。

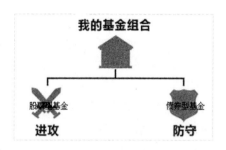

图 5-8　基金组合搭配

基金组合都是由进攻型基金和防守型基金组合而成的，因为不同投资人的投资风格不同，所以所占比例不同。进攻型的基金主要是以股票型基金为主，防守型的基金主要是以债券型的基金为主。在震荡多变的市场中，攻守兼备的基金组合才是明智的，其主要有以下两个特点。

◆ 目前市场风险得到极大释放，市场估值趋于合理。股票型基金专注于行业和个股精选，是比较具有吸引力的品种。

◆ 在强化进攻的同时，应该做一些必要的防御型配置，以确保投资真正的稳健。目前而言，债券型基金是确定性最强的品种。

林某于 2015 年 8 月参加了一场同学会，通过交谈得知，毕业之后同学们因为通货膨胀、存款利率下降等原因都开始做理财。但是，原本热热闹闹的同学会却因为提起理财而变成了一场比惨的大会。

吴某凭借自己对股市的研究，在投资的同时，还经常在朋友圈中分享对股市的看法，但由于下半年股市暴跌，仅仅 3 个月后，其不仅没有得到预期收益，连本金也损失惨重。而王某更惨，为了能够在保本的同时获得收益，其在某平台上购买了 P2P 产品。刚开始的时候确实得到了高利息，但后来这个 P2P 的老板中途跑路，王某的钱也没有追回来。

不同的是，李某的投资收益却高达 23.42%。原因是其在朋友的介绍下做了资产配置，进行了基金组合投资。在同学们的追问之下，他说出了自己的购买组合，如表 5-3 所示。

表 5-3　投资组合配置

基金产品	所占比例
广发纯债债券 C	50%
景顺长城能源基建	15%
上投摩根转型动力	15%
工银货币	20%

说起这样配置的原因，老李解释说主要是以下 4 点。

◆ 组合侧重债券型产品配置权重，但同时也兼顾了价值和成长，会
更加保守和稳健，流动性也非常强，投资灵活性高。

◆ 债券大类产品在过去近 10 年维持正收益，广发纯债债券 C 是从
众多产品中优选出来的，收益可观。

◆ 工银货币可以保证资金基础稳定，基金由银行托管，不存在信用风险。

◆ 该基金组合不仅能在震荡的股市中保证稳定收益，更适合做长线
投资。

从表 5-3 中可以看出，李某的资产配置相对来说比较保守，除了配
置货币基金 20% 和稳定的债券基金 50% 以外，还配置了 30% 中高风险的
混合型基金景顺长城能源基建和上投摩根转型动力。这个基金组合比较倾
向于防守，在震荡不稳的市场变化中使资产平稳的同时，得到增长。

基金的组合重点在于根据不同的市场，以及投资人不同的投资风格配
置出适合自己的投资组合。

2. 投资基金组合的关注点

投资人可以直接购买基金研究机构以及基金公司推出的基金组合，
虽然目前大多数专业机构推出的基金组合不能够满足所有投资人的投资期

望，但是这些组合符合发展的大趋势。随着不同机构组合专业度和业绩的逐步提升，其发展前景还是看好的。未来的基金组合也会在资产配置理念、产品定位上更加明晰，并呈现出多样化的特征。投资人在选择这类基金组合时，可以从以下 4 个方面着手。

◆ **关注符合自身投资需要的组合**：基金组合发展呈现多元化。在投资标的上，未来的基金组合可能会在不同的投资区域、行业及主题方面进行多元化的尝试。在管理方式上，可能发展出被动管理的组合和主动管理的组合，甚至还会出现分级的基金组合产品。对投资人而言，要选择与自身投资目标、风险偏好匹配的组合。

◆ **关注基金组合的风险收益特征是否明晰**：关注哪些投资领域适当的组合更容易确保其收益特征清晰。太过宽泛的投资范围不代表就能取得良好的业绩，灵活的资产配置有时会让管理人手足无措，也使基金组合的风险收益特征不鲜明。

◆ **关注这类产品的资产配置理念**：在具体的投资策略上，无论是逆向策略还是动量策略，宏观策略或是量化策略，都可以在资产配置中发挥作用。在大类资产配置上理念与策略清晰的组合更值得关注。

◆ **关注基金组合是否具有纪律性实现投资策略**：成功的基金组合，有赖于投资理念、投资策略和纪律这 3 条关键原则的执行。在明确了管理人投资理念和投资策略后，关注这些基金组合的操作是否具有严格的纪律性。

3. 避开基金组合误区

在基金组合投资的过程中暗藏误区，常常让投资人防不胜防陷入进去。提前了解这些误区能够使投资人更好地完成组合投资。常见的投资误区有以下几点。

■ 基金数量并非"越多越好"

研究发现，仅含有一只基金的"基金组合"价值波动率最大，当组合中基金数量超过 7 只时增加基金数量并不能降低组合波动。因此，构建基金组合并非越多越好，对于普通投资人 3~5 只基金就足够了，比如某投资人选择的 4 只基金，既有稳健也有进攻，既有价值也有成长，覆盖面足够大。

■ 快速致富不如保值增值

组合投资并非一定"高收益"，而是相对稳定情况下的最高收益。如果市场行情向好，组合投资的业绩肯定不及单只股票基金。但是这样的牛市并非能够常常遇到，市场震荡状况平常，与其押宝似的投资，稳中增值比较好。

■ 灵活检查评估组合情况

组合投资并非一投了之，后市仍要根据实际情况灵活调整。比如，选择失误时要及时修正，基金经理变化、基金投资理念变化等要及时评估。

■ 组合投资并不等于保本

组合投资也不代表"保本"。因为偏股基金一旦挑选失误，亏损若大于稳健品种带来的收益，仍可能出现本金亏损。

总的来说，基民玩转基金组合主要在于配置基金组合、选择适合自己的基金组合以及在避开误区的情况下进行投资，以获得较高的回报。

.PART.

低风险的
投资人群

低风险基
金组合

实战案例
分析

低风险的基金组合投资

对于偏爱低风险投资理财的投资人来说，怎样才能够在保障低风险的同时获得高收益成了关键。所以，怎么样来构建低风险的基金组合是这类投资人共同关注的重点。

6.1 低风险投资人群

> 对于投资，每个人接受的风险程度不同。本章讲的是风险接受度较低的一类投资人，低风险的投资人有什么样的投资特性？在这样的特性下应该怎么配置合适的基金组合呢？下面来具体介绍。

1．低风险投资人的层次

有的投资人会有一种错误的观念，即将低风险的投资与保本投资画上等号，认为这类型的投资就是将资产投入货币基金或者保本基金这类理财产品。其实，低风险的投资人，只是能够承受风险的程度相对较低，而不是不能够承担。低风险的投资人因承受风险程度不同划分为不同的层次，如图6-1所示。

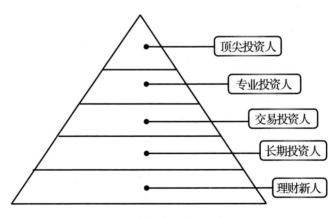

图6-1　低风险投资人的层次

■ 理财新人

这类投资人才开始接触基金，风险承受能力最低，在不熟悉的情况下不会贸然尝试高风险的投资项目。建议使用货币基金、保本基金或者短期的投资项目来替代银行中的活期和定期存款。这样，在完全代替银行活期和定期存款的情况下，得到的收益率会高于银行存款的利息收益率，并且不论是长期还是短期都不会有风险。

理财新人处于低风险投资金字塔的底层位置，在这样的风险承受范围内，预计的年收益率很难超过 5%，但是已经比大多数只将资产存入银行的人高出许多。

■ 长期投资人

当投资人的心态随着长时间的投资逐渐成熟，在追求账户长期稳定收益时，可以开始选择债券型基金以及分级基金 A 等来提高收益率。这一类产品能够为投资人提供相对稳定的现金流，但是投资人需要注意，这类基金不是毫无风险，它也会随着市场利率的变化而发生波动。所以，投资人要以平和的心态面对账户短期内的涨跌变化。

长期投资人处于低风险投资的第 2 层，预期年收益率在 5% ~ 10%。这类投资人不需要很高的投资技巧，但是需要好的心态。

■ 交易投资人

当投资人进行长期投资之后，投资水平会得到逐步提升，能够对各类基金的发展情况以及收益率进行评估分析。投资人可以开始通过基金的组合配置进行投资，在提高收益率的同时将投资风险控制在自己的承受范围之内。这类投资人对于现金流没有太多的要求，愿意承担股市涨跌造成的风险，可以选择封闭式基金，通过寻找封闭式基金交易折价获得收益。

交易投资人处于低风险投资的第 3 层，预期年收益率在 10% ~ 20%。

这类投资对投资人的估值能力有一定的要求。

■ 专业投资人

随着投资能力的提高，可以基于风险的承受能力进行合理的仓位配置，对权益性和固定收益类的产品进行动态的配置。对股票型、债券型以及混合型基金进行合理的搭配，来获得较高的收益。

专业投资人处于低风险投资的第 4 层，预期年收益率在 20% ~ 30%。这类投资人需要熟练地掌握估值、交易技巧以及风险掌握等。

■ 顶尖投资人

这类投资人有专业投资人的投资技巧，但是在他们的基础上能够做得更加精准。顶尖低风险投资人可以依靠高频交易或者杠杆交易获得收益。顶尖投资人处于低风险投资的第 5 层，预期年收益率超过 30%。

所以，低风险的投资组合并不是简单的保本增值组合，低风险组合投资人中既有无经验的投资新人，也可能存在专业的投资高手。好的低风险组合配置一样能够在给投资人保障低风险的同时，带来高的收益回报。

2. 低风险投资适用人群

股市跌宕起伏，风险较高，并不适合人人参与。相比之下，风险较低的基金组合投资更容易得到这类偏爱低风险人群的喜爱。

■ 学生党也可以投资

这类投资人没有厚实的经济基础，不适合参与高风险的投资，可以参与低风险的基金组合投资。此类基金的投资门槛较低，除去货币基金没有资金要求外，其他的基金起投基金在 100 ~ 1000 元。另外，学生党 尤其是大学生类型的投资人，可以合理地运用较多的课余时间对基金做一些研究，在毕业之前为自己积累一部分财富。

■ 老年人的低风险投资选择

很多的老年人由于退休，整个人突然间闲了下来，于是开始进行一些投资理财。其实对于老年人，追求高收益不如注重保本增值。股市风险太大，一旦出现套牢，得不偿失。低风险的投资在帮助老年人丰富空闲时间的同时，也增加了收益。

■ 新基民

对于刚刚进入基市的基民来说，低风险的投资是较好的一个投资选择。这类投资人没有专业的基金知识、投资技巧以及组合技巧等。投资还处于一个摸索的状态中，同时风险承受能力较低。

当然，以上的投资人群只是众多的投资人中的一部分，对于投资而言，找到适合自己风险承受能力的投资才能够更好地完成投资。

6.2 低风险的基金组合

> 低风险的基金组合受到很多低风险投资人的偏爱，但投资人在很多时候往往不清楚低风险的配置情况，仅仅按照所谓的"保本增值"来选择基金，进行搭配。结果可想而知，收益并不理想。低风险的基金组合，是在能够保证风险承受能力的同时，得到高的收益。

1．低风险基金组合的构成

低风险投资人指在投资上面相对保守一些，风险承受能力较低一些的人。适合这类保守型投资人的基金组合见图 6-2。

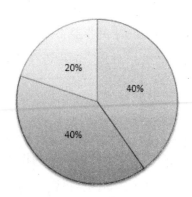

◻货币型 ■ 债券型 ◻股票型

图 6-2 保守型基金组合比例

由图 6-2 可以看出，40% 的货币型基金和债券型基金使得整个组合趋于稳定，以抵抗20% 股票型基金带来的风险，也是人们常说的 8：2 比例，这样的配置，在低风险组合之中比较合理。

货币型基金在低风险的基金组合中常常被运用，这类基金可以随时进行配置。随着货币基金的发展，货币基金渐渐成为了银行定期存款的良好替代。货币型基金中的绩效表现处于中游水平，收益率一直高于同期的银行定存一年存款收益，个别表现优秀的基金甚至达到了两倍的收益水平。在配置上类似于活期存款的流动性。

债券型基金是一个比较大范围的统称，按照是否投资股票，可以将债券型基金分为纯债基金和非纯债基金。在低风险的组合投资中，应该关注纯债基金的本质特征，将其作为重要的低风险配置品种，同时可以关注带有一定封闭期限的纯债基金。

2. 货币基金投资策略

在低风险基金组合中，不可缺少的就是货币基金。对于投资人而言，货币市场基金是所有的基金种类中最为简单的基金，具有很好的流通性，随时转入，随时提取。这类基金没有投资风险，交易费率低，收益率高于银行，与其他基金品种相比具有以下特点，如图6-3所示。

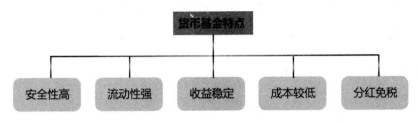

图 6-3　货币基金特点

虽然货币基金的投资对象都是货币市场工具，但是不同基金产品之间的收益率也会有较大的区别。例如，2016年7月1日，易方达天天理财货币A万分收益1.6671，7日年化收益率为4.7090%，而建信货币万分收益1.0290，7日年化收益率为3.7860%。所以投资人在选择货币基金时也要进行多方面的考量，选择货币基金主要有以下4点策略。

■ 不盲目听信银行工作人员

如今很多的银行都在标榜"为客户理财"，但是实际上是为了推销产品和完成存款任务。有的银行员工甚至会隐瞒基金产品的一些实际情况，他的介绍可能会误导客户。所以投资人在选择基金时不能够盲目地听信银行员工的介绍，而忽略自己的判断。货币基金属于开放式的基金，可以通过网络和基金公司对基金的情况进行查询。

■ 不过分关注基金收益指标

虽然货币基金比较稳定，波动变化较小，但是它们仍然会因为受到利率变动、高息债券减持等因素的影响而发生变化。7 日年化收益率和万分收益都是近期的收益变化，可以作为参考，但是不需要过分地关注。

■ 基金盈利的稳定性

在低风险组合中大量地买入货币基金，是因为货币基金的稳定性。所以投资人在选择货币基金时，尤其需要关注货币基金的稳定性，这远比基金的近期盈利情况要重要得多。如果基金的波动变化大，反而会影响到整个基金组合。

■ 关注基金的历史收益

投资人可以根据基金的历史收益情况，来判断该基金的发展情况。这里的历史收益情况除了该基金的净值历史变化情况之外，还要与同类基金的收益历史变化进行比较。

老张一家在 2013 年底购买了一套二居室的房子，因此也开始过上了还房贷的日子。从 2014 年开始，老张需要每月偿还 1300 元的房贷。除此之外，每年还需要缴纳保险费用 1.42 万元。所以老张每年年初就会到银行一次性地存 3 万元，以便银行和保险公司可以按时每月扣款。

但是每年年初存款 3 万元的行为只有活期利息，收益不高。这样的情况可以通过网上银行购买货币市场基金，在每个还款日之前赎回基金到银行卡就可以了，这样既得到了比银行活期储蓄高的收益也不用去排队。

以建设银行为例，活期储蓄的收益是 0.3%。如果购买货币基金，以工银货币（482002）为例，这只基金在 2016 年 6 月份的平均 7 日年化收益率在 2.5% 左右。对比可以看出货币基金比银行活期储蓄收益要高很多，而且货币基金的申购和赎回都是免手续费用的。

由以上案例可以看出，利用货币基金流动性强和收益较高的优势不仅可以带来高收益，也为家庭提供了很好的解决方案。

3. 保本型基金怎么保本

在低风险的投资组合中，投资者会常常投资保本型的基金，增加组合的稳定性。保本型的基金净值表现要高于纯债基金，因为有"保本"两个字，更加受到保守型投资人的青睐。

保本型基金主要是将大部分资金投入到有固定收益的投资工具中，如定存、债券及票券等，让到期的本金加利息大致等于初投资的本金。另外将利息或是极小比例的本金投资到衍生性的金融工具中，以赚取投资期间的市场利差。

但是，许多投资人对于保本型基金不是很了解，保本型基金有以下3个重要的投资特点。

◆ 如果想要享受到"保本"待遇，需要按照保本基金期限要求，持有相关基金至足够的年限，常见的是3年。

◆ 多数的保本型基金保的只是本金，而对于本金，不同基金会有不同的定义。投资之前，需要对购买的保本型基金详细了解。

◆ 如果没到期就赎回基金，赎回的费率会很高，通常在2%~3%。

所以，虽然保本型基金是开放式基金，但是可以将它看作半封闭式的基金。在投资保本型基金时，要有长期稳定的投资安排，才能够在低风险的情况下，获得高收益。

保本型基金由第三方提供本金安全担保。尽管保本基金通过采用量化策略，使保本基金具有"下不亏损，上不封顶"的收益特性，但是保本基金也存在亏损的可能。目前，国内保本基金均采用符合资质要求的担保机构（如银行、保险公司、大型企业）进行担保，且具有法律效应。目前国内保本基金约定，投资者在认购期内购买并持有到保本周期结束，可以享受保本约定。

【提示注意】

保本型基金的保本只是对本金而言，并不保证基金一定可以盈利，也不能够保证最低收益，仅承诺保本期限到期日保本。因此，投资人购买的基金份额既存在着保本到期之日仅能够收回本金，也存在着未到保本到期之日赎回而发生亏损的可能。

　　总而言之，保本基金属于低风险、收益较稳定的基金品种，是行情低迷时较好的避险产品，具有保值、增值的功能。从长期来看，收益明显高于银行定期储蓄，具有良好的储蓄替代功能。在市场波动较大或市场整体低迷的情况之下，保本基金为风险承受能力较低，并且以中长线投资为目标的投资人提供了一种低风险同时又有升值潜力的投资工具。

4．分级基金的低风险投资

　　很多投资人听说过分级基金，但是对它了解却不多，下面以一个简单的例子来说明。

　　甲想炒股，他手里有100元，然后又向乙借了100元，跟乙承诺，无论盈亏都要还给乙107元，7元作为利息。这时候甲就是分级基金B，而乙就是分级基金A，他们手里面的这200元共同构成了"甲分级基金"。

　　分级基金适合风险承受能力较低的投资人，它的风险性较低。这类基金又被称为结构化基金，指的是一个基金投资组合之下，通过对基金收益和净资产的分界，形成两类或者多类风险收益特征具有一定差异化的子份额的基金品种。其最主要的特点是拥有多种子份额，子份额的收益方式通过特定的方式约定。下面以银华深证100指数分级基金为例，来具体说明"股债分级"模式下，两类子份额的特征。

◆ **A 类份额（优先份额）**：这部分份额享有优先分配约定收益，如银华稳进份额的约定收益率为"当年年初一年定存利率 +3.0%（目前为 4.5%）"，这就类似于每年支付票息的债券，且在母基金下跌的过程中，损失首先由 B 类份额承担，因此 A 类份额一般具有低风险的特征。

◆ **B 类份额（杠杆份额）**：该类份额可以通过收益分配机制获得一定的杠杆，从而获得超额收益，不过也相应承受更多的下跌风险，适合偏好高风险高收益产品的投资者。这主要由于短期需支付给 A 类份额的"利息"很少，因此母基金的损益基本构成 B 类份额的损益，这就是形成杠杆的原因。银华锐进的初始份额杠杆为 2 倍，相当于银华锐进用 1 元作为质押，融资了银华稳进的 1 元，但如果市场发生下跌，B 类份额净值跌幅更快，如下跌到 0.50 元，融资杠杆变成了 3 倍，即随着市场的下跌 B 份额的杠杆倍数将呈现递增态势。

分级基金的原理简单来说就是：一支普通的基金（母基金）分为两部分，分级 A（固定收益），分级 B（浮动收益），两者比例不固定（可能是 1：1，也可能是 4：1）。

分级 A 不管市场如何变动，始终获得约定收益；分级 B 借用分级 A 基金的资金进行投资，如果获利，则获取支付分级 A 约定收益后的部分；如果亏损，则优先偿付分级 A 的约定收益。

分级 A 的获益有两个部分：一是约定部分收益，即由分级 B 支付的投资收益；二是联合分级 B 进行的套利。

下面来具体看看分级基金的收益，如图 6-4 所示为永续性 A 类基金截止到 2016 年 7 月 4 日的收益率排行。如图 6-5 所示为货币基金 2016 年 7 月 1 日的收益排行。

代码	名称	现价	涨幅	成交额(万元)	净值	折价率	利率规则	本期利率	下期利率	修正收益率
150022	深成指A	0.799	0.13%	1524.08	1.0225	21.86%	+3.0%	4.50	4.50	5.795%
150175	H股A	0.903	0.33%	3463.72	1.0288	12.23%	+3.5%	5.00	5.00	5.720%
150331	网金融A	1.109	0.09%	271.82	1.0351	-7.14%	+4.5%	6.00	6.00	5.587%
150221	中航军A	1.206	0.25%	2303.10	1.0330	-16.75%	+5.0%	6.50	6.50	5.541%
150321	煤炭A基	1.215	0.83%	360.79	1.0370	-17.16%	+5.0%	6.50	6.50	5.518%
150289	煤炭A级	1.043	0.00%	137.02	1.0300	-1.26%	+4.0%	5.50	5.50	5.429%
150287	钢铁A	1.044	-0.10%	2219.09	1.0300	-1.36%	+4.0%	5.50	5.50	5.424%
150299	银行股A	1.048	-0.19%	127.33	1.0300	-1.75%	+4.0%	5.50	5.50	5.403%

图6-4　永续性A类基金收益排行

基金代码	基金简称	日期	万份收益	7日	14日	28日	35日	近1月	近3月	近6月	近1年	近2年
213909	宝盈货币B	07-01	0.5059	4.1540%	4.19%	3.52%	3.55%	0.31%	0.73%	1.49%	3.06%	8.07%
000902	国开货币B	07-01	1.1995	4.4050%	3.13%	3.84%	3.72%	0.31%	0.85%	1.63%	3.51%	---
213009	宝盈货币A	07-01	0.4457	3.9130%	3.96%	3.28%	3.32%	0.29%	0.67%	1.36%	2.81%	7.55%
000901	国开货币A	07-01	1.1347	4.1460%	2.89%	3.61%	3.48%	0.29%	0.79%	1.51%	3.26%	---
001233	嘉合货币B	07-01	0.6959	3.7240%	3.68%	3.04%	3.30%	0.28%	0.73%	1.52%	3.21%	---
730103	方正富邦货币B	07-01	0.8385	3.0690%	2.96%	3.30%	3.26%	0.27%	0.79%	1.58%	3.50%	8.59%
001843	九泰日添金货币B	07-01	0.8959	3.2420%	3.20%	3.23%	3.23%	0.26%	0.80%	1.58%	---	---

图6-5　货币基金收益排行

通过图6-4和图6-5的对比可以看出，永续性分级A类基金收益率平均在5.5%左右，而货币基金的7日年化收益率平均在4%左右，大幅度高于货币基金。当然，高的收益就会存在风险。虽然分级基金的风险较低，但是却明显大于货币基金。它的风险主要有以下3个方面。

◆ 利息不是以现金的方式给投资人，一般是通过母基金的方式给投资人，之后，投资人赎回母基金需要支付手续费用。

◆ A一旦把钱借给B之后，就无法以现金的形式取回本金，但是可以在证券市场进行交易（通常会折价交易，也就是如A的净值为1元时，交易价格为0.9元，甚至是0.8元）。

◆ 约定的利息通常是以当年 1 月 1 号的银行一年期存款利率为基准加上 3% ~ 4%。

总的来说，永续性分级基金 A 是一种收益较高、持有时间长、风险相对较低以及流动性较弱的基金。可以将这类基金当作信用评价较高、收益较高的债券进行投资。

5. 低风险的保守型基金组合配置情况

对于保守型的低风险投资人，在考虑了基金的类型、风险与收益之后，给出了两种组合建议，下面来具体介绍。

■ 保守偏稳健型

这类型的组合适合偏低风险承受能力的投资人。以抵抗风险的同时又希望收益超过储蓄利率为主要目标，在低风险的前提下，小比例地享受股票市场可能的投资收益。

考虑到股票市场、债券市场的状况，在组合构建中完全配置固定收益率基金，其资产配置灵活的偏债型基金 40%；以债券配置为主，适当参与新股申购的低风险纯债型基金 40%；本金安全保障度较高的货币市场型基金 20%。从偏债基金股票配置上限 35%，纯债型基金申购新股的股票配置上限 20% 的基金契约来看，此组合股票配置理论上限为 22%，下限为 0%。

整个组合类似于一个债券型基金，通过配置货币市场型基金和股票配置比重低的债券型基金来作为组合的安全垫，通过配置选股、选时能力强的偏债基金小试股市牛熊。如南方宝元债券 40%，富国天利债券 40%，华夏现金增利 20%。

■ 稳健偏保守型

这类组合适合中低风险承受能力的投资人。就是在认清证券市场风险的前提下，即不喜欢冒较大投资风险，又希望在股票市场经历大幅调整后出现投资机会时分享股票市场收益的投资人。

首先考虑到近期证券市场的震荡格局和后市的不确定因素，在组合中配以较高比重 60% 的固定收益品种。其中，资产配置灵活的偏债基金 30%；债券配置久期较短的中短债基金 30%；在此基础上配置股票下限较低的混合型基金 40%。从偏债基金股票配置上限 20%，混合型基金股票配置上限 95%、下限 40% 的基金契约规定来看，此组合股票配置理论上限为 44%，下限为 18%。

整个组合的构建类似于一个偏债型基金，通过配置风险小的中短债基金作为组合的安全垫；通过配置选股、选时能力强的优质基金偏债基金和混合型基金增加组合在股票市场上涨的盈利能力和在股票市场调整中规避风险的灵活性。如嘉实增长 40%，华夏希望债券 30%，嘉实超短债 30%。

以上两种是比较常见的低风险保守型组合资产比例配置，投资人按照比例情况，根据自己的风险类型构建属于自己的基金组合。

6．保守型基金组合实例配置情况

下面以具体的基金组合为例，详细介绍保守型的基金组合配置情况。

整个基金组合以股票 25%、债券 50%、货币 25% 的比例进行配置。以货币基金和债券基金为主保守投资，低风险的同时获取较确定的收益为首，适合风险承受能力较低的投资人。基金组合的配置情况如表 6-1 所示。

表 6-1 基金组合配置详情

基金产品	基金代码	所占比例
广发养老指数	000968	10%
天弘中证食品饮料指数 C	001632	10%
财通多策略稳增债券	720002	25%
博时信用债券 A/B	050011	30%
工银货币	482002	25%

由表 6-1 可以看出，这个基金组合主要是以收益稳定、风险较小的固定收益类基金为主，所配置的债基和货基历史业绩优秀，排名长期位于同类基金前列，在市场整体向好的大背景与保证低风险的前提下，增强组合弹性，适当争取超额收益。

不管投资人对资产如何配置，在低风险的保守型基金组合之中，还是以防守为主，以货币基金和债券基金为主，再配置权益高风险型的基金，作为增加收益。其中，货币基金和债券基金的配置在 70%～80%。

6.3 低风险基金组合投资案例

对低风险的基金组合配置比例、基金选择构建以及相关信息了解之后，下面根据一些投资实例来具体分析这样的组合优势，使投资人从中获得投资经验。

1．年轻白领的理财之路

对于刚刚步入职场的年轻人来说，理财风险的承受能力相对较低。不过，正由于资本少，又有丰富多样的财务支出，甚至透支消费，所以很多年轻人对于理财产品投资回报率往往有着更高的要求。风险承受能力低，却又要追求高回报，往往成了一对矛盾，找到二者的结合点正是理财的关键所在。

从学校毕业的小章是在青岛某公司工作的一名白领，每月工资为5000元，房租每月支付1000元，每月生活1250年，其中包括通讯费、餐费、购物以及交通等。除此之外，小章十一长假还有远行规划，计划2500元，学习充电购买书籍500元。具体资金开支情况如表6-2所示。

表6-2　小章的资金开支情况

收入项目	收入金额	支出项目	支出金额	结余
月薪	5000元	房租	6000元（半年）	–
年度奖金	3000元	生活	1250元（月度）	–
存款	3000元	旅游、学习	3000元（年度）	–
年度累计	66000元	–	30000元	36000元

根据小章的资金收入支出表格可以看到，由于小章处于财富的积累期，首先需要考虑将前期存款每个月的结余存入银行，安全地积累第一笔可供运作投资的资金。按照先聚财、后增值的顺序，慢慢调整理财计划，经历一年的积累，小章平均月结余2500元。之后个人努力培养勤俭节约、量入为出的生活方式最为关键。根据目前的结余（年结余36000元）状况，应该先存足6000元的紧急备用金，以备不时之需。

针对小章的情况主要有以下3种理财方案。

■ 方案一

由案例可以看到，小章支付的资金中占了很大比例的是房租，以半年的形式支付。由于这类型的支付是必要的开支，对于资产的安全性和流动性要求较高，根据缴纳的时间点，配置 6 个月的短期基金产品。如汇添富 6 月红添利定期开放债券 A（470088）、博时安怡 6 个月（002625）以及浦银 6 个月定期开放债券 C（519122）等。这里以汇添富 6 月红添利定期开放债券 A（470088）为例来介绍，如图 6-6 所示为基金 2016 年上半年的收益走势图。

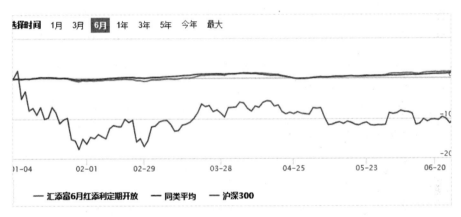

图 6-6　汇添富 6 月红利定期开放债券 A 收益走势

由图 6-6 可以看到，基金在 6 个月之间的走势趋于平稳，6 个月的收益率在 2% 左右。这类基金在合理运用时间的同时，为投资人带来了比较稳定的收益，债券型的基金风险较低。

■ 方案二

针对生活各方面开支，需要随时开销，流动性要求较高。在利率市场化下，鉴于目前流动性较紧的局面，并且这种现象会维持下去，货币基金的收益率要远高于活期储蓄的收益率，基本在 10 倍以上，年化收益率在 4%～5%。与其将资金存在银行，不如购买货币基金。例如国开货币 A

（000901）基金，在 2016 年 7 月 1 日，万分收益为 1.1347，7 日年化收益率是 4.1460%，如图 6-7 所示为基金的 2016 年上半年的收益走势图。

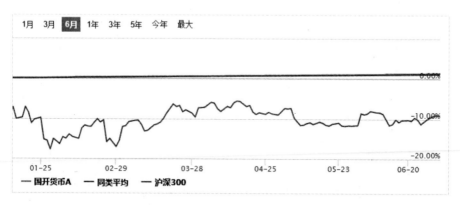

图 6-7　国开货币 A 的收益走势

由图 6-7 可以看到货币型基金与债券型基金一样，走势较为平稳，没有波动，风险较低。但不同的是，由于这类资金是生活所用，所以有需要可以支取，而货币型基金的随时变现能力正适合这一特性。

■ 方案三

针对旅游、学习充电这样的年度计划，小章可以制订一个中期理财计划，以稳健为主。在现在这样动荡的行情之中，不建议进取，适合混搭基金组合，包括货币型、混合型、债券型以及股票型基金。

由于整个组合是以稳健为主，所以货币型基金的比例在 15% ~ 20%，债券型基金的比例在 30% ~ 40%，混合型基金的比例在 30% ~ 35%，而股票型基金比例在 15% ~ 20%。这样的组合收益超过银行活期收益，如表6-3 所示为基金组合的具体产品介绍。

表6-3　基金组合的具体产品详情

基金代码	基金名称	基金类型	投资比例	收益率（近1年）
690210	民生加银现金增利货币 B	货币	20%	3.51%
320008	诺安增利债券 A	债券	35%	2.57%
570008	诺德周期策略混合	混合	15%	− 1.98%
590008	中邮战略新兴产业混合	混合	10%	2.91%
001421	南方量化	股票	20%	17.5%

根据以上事例可以看到，即使是初入社会没有较多资金的年轻白领也可以进行投资，也可以通过理财来丰富自己的学习和工作计划。投资理财不一定就是高风险高回报的赌注，也可以通过低风险的巧妙组合获得高的回报。

2.老年人构建保守型基金组合

理财投资不是年轻人的专属，随着生活水平的提高，越来越多的人愿意将闲置的资金拿来做投资理财。其中不乏年纪较大的一些投资人，这类投资人相比年轻的投资人往往更沉得住气，从而获得高回报。

王女士，54岁，是一名医护方面的工作者，丈夫从事教育工作，女儿26岁已经结婚。目前，夫妇二人月收入9000元，平均每月支出2000元。王女士家有20万元银行定期储蓄，20万元货币市场基金。此外手里股票被套，市值仅剩10万元。

随着通货膨胀，王女士发现资金存在银行没有什么收益，还不如拿来做投资理财。王女士和老伴儿商量希望通过投资理财的方式，每年可以得到2万元左右的收益，用来做两人旅游出行时的消费。

通过以上案例可以得知，王女士一家年净收入在8.4万元左右，属于中等收入家庭，事业稳定。而女儿已结婚，没有子女方面的担忧，抗风险能力还是比较强的。已经购买了 20 万元的货币市场基金，以及银行 20 万元的定存。以 1 年来计算，定存的利率在 2% 左右，货币基金在 3.5% 左右，回报率偏低。

根据王女士家的投资期望，可以构建的投资组合分别是 10% 的短债基金、20% 的股票型基金、60% 的保本型基金以及 10% 的货币基金。具体的投资情况如表 6-4 所示。

表 6-4　王女士的投资详情

基金代码	基金名称	基金类型	投资比例	收益率（近 1 年）	投资金额
730103	方正富邦货币 B	货币	10%	3.21%	5 万元
000129	大成景安短融	短债券	10%	4.40%	5 万元
163411	兴全保本	保本	60%	4.28%	30 万元
000478	建信中证 50	股票	20%	− 9.60%	10 万元

由上可以看出该组合大部分资金投资于保本型基金，本金的安全度极高，该投资组合属于稳健偏保守型投资组合，投资风险小，收益较高。预期的年收益为 2.5 万元左右。每年的工资收入可以动态地配置到投资组合之中，进行长期配置，而收益基本上可以支持王女士夫妻每年一次不错的浪漫之旅。

3. 外企白领用基金组合实现资产保值增值

张女士今年 35 岁，是一位外企白领，主要从事人力资源工作。丈夫刘先生今年 40 岁，在一家私营企业工作，他们有一个 10 岁的女儿，上小学四年级，家里的住房贷款已经提前还清，没有任何负债。

由于一次性还了房贷，家里所剩的资金并不算太多，考虑到小孩的上学费用，和夫妇俩以后的退休生活，张女士有点心慌，因为听别人说，退休和孩子教育金准备得越早越好，而她目前还没做任何计划。而且最近股市很火，带动基金收益连连走高，单位里的同事每天都在谈论理财、投资以及基金等，都疯狂地去抢购新发行的基金。张女士以前没有做过这方面的投资，也不太敢跟风。张女士家的资产状况如表6-5所示。

表6-5 张女士家资产状况

名称	收入	支出项目	支出金额	结余
月薪	1万元	生活	5000元（月度）	2300元
一年定期	5万元	房屋支出（物业费）	500元（月度）	300元
现金及活期	5万元	保险	1200元（月度）	
房地产	80万元	旅游、健身	500（月度）	200元
总资产	102万元		8.64万元	93.36万元

从表6-5可以看到，张女士家的财务状况整体还不错，没有负债，储蓄也达到了28%。但是从张女士家的消费情况来看，还是需要做一些投资来对资产进行保值增值。

每个人都有不同的财务状况、财务目标以及投资习惯等。从张女士的情况来看，2年后小孩要上初中，初中毕业面临中考，因此选择一个好的学校比较重要。以现在的行情，张女士应该准备4万元左右的小孩2年后读书的费用。要准备这部分的资金可以通过家里面的10万元存款，因为2年后就要使用，因此要采用保守一些的投资方案，预期年收益率在8%左右，现在的3.5万元，在2年之后成为4万元，以配置型基金和债券型基金为主。所以配置比例如图6-8所示。

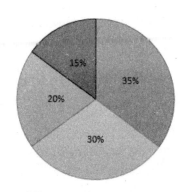

债券型　混合型　股票型　货币型

图 6-8　基金组合的比例配置

可以看到在这样的配置组合之中，债券型基金和货币型基金的比例达到了 50%，保障了资金的稳定性。而混合型基金的风险程度一般在中高，是在可以接受的范围之内，所以占了 30% 的比例，之后配置了 20% 的股票型基金。

具体的基金组合产品可以参考表 6-6。

表 6-6　基金组合配置详细情况

基金代码	基金名称	基金类型	投资比例	收益率（近1年）
000478	建信中证 50	股票	10%	4.97%
162216	泰达中证 50	股票	10%	3.01%
519181	万家和谐增长	混合	30%	12.54%
320008	诺安增利债券	债券	35%	11.33%
730103	方正富邦货币 B	货币	15%	3.58%

在余下的 6.5 万元中，留 2 万元作为家庭的应急备用金，剩下的 4.5 万元可以选用一些比较进取的投资策略，以股票型和混合型为主。具体的组合比例如图 6-9 所示。

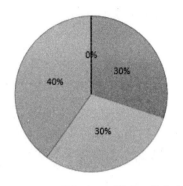

图 6-9　该基金组合的比例配置

■债券型　■混合型　■股票型　■货币型

从图 6-9 中可以看到，由于已经预留出了应急资金，这部分资金可以承担一定的风险，所以在比例配置过程中，将货币基金的比例减少到了 0，增加了股票基金的比例到 40%，而债券型基金和混合型基金分别占了 30% 的比例。

具体的基金组合产品推荐如表 6-7 所示。

表 6-7　基金组合推荐

基金代码	基金名称	基金类型	投资比例	收益率（近1年）
000309	大摩品质生活股票	股票	25%	− 0.81%
519967	长信利富债券	债券	30%	3.73%
161225	国投瑞银瑞盈	混合	30%	7.88%
519975	长信量化中小盘	股票	15%	15.57%

另外，每个月剩余的 2800 元可以采用基金定投的方式进行投资，基金定投特别适合波动大的市场，投资者定期定额的投资，而不管市场的高低，尤其适合股票型基金投资。股票型基金的选择，前文讲到过，主要是根据基金公司、基金管理人、基金历史成绩以及基金排行来选择。

根据上述案例中张女士家的财务情况，以上短期、中期以及长期的 3

个理财方案，合理地运用了张女士家的资金，使得张女士的投资有了更高回报的可能。

经过以上分析，投资人在今后的投资中提到保守型投资，就不会再传统地认为保守型投资就是以安全为首要原则，买入那些大型的、业绩稳定的企业基金，只求资产不贬值，倘若还能略有盈利则属锦上添花。低风险的保守型投资在巧妙地组合配置之下，依然可以有大的作为，获得高的收益。

这类投资主要是根据投资人的家庭资产状况，构建的基金组合需要将风险严格地控制在能够接受的范围之内，这样才能够起到低风险组合的作用。

保守型投资不仅仅是低风险的代名词，更为准确的理解应当是，保守型投资的对象是那些拥有良好商业模式、拥有自身竞争优势以及能持续获得业绩增长的企业。因此，也可以说在投资市场上，保守型投资者往往是笑到最后的胜利者。

.07
. PART .

中风险投
资人

中风险基
金组合

中风险组
合案例

中风险下的稳健基金组合

中风险的基金组合投资在众多的投资组合中，比较受到
青睐。大部分的投资人追求相对稳健的投资组合方式，能够
在一定的风险之内，使资金得到稳定的增值。

7.1 中风险稳健型投资人

> 稳健型投资人为风险中性投资人，该类投资人具有一定的风险承受能力，希望可以获得较为稳健的投资回报，所以在投资的过程中也要适当关注投资本金的安全性。

稳健型的投资人一般有两类。一类由自身的性格决定，他们做事谨慎，可以承受部分风险，但是不愿意冒太大的风险。在投资时也不例外，稳定的回报率对他们而言就可以接受了，不希望激进的投资活动使得自己的生活面临比较大的波动。

另一类是由于承担了较多的家庭责任，考虑到将来的生活目标和所承担的责任，投资稳妥慎重，不会为了较高的收益而承担较大的风险，时刻避免投资出现意外给家庭生活带来比较大的影响。

这两类投资人往往是彼此交叉的，也就是这两方面的原因决定了这类投资人的偏稳健型的投资风格。

1. 稳健型投资人的基金组合原则

基金组合的配置因人而异，但是要达到理想的投资效果就需要在构建的过程中遵守一些稳健的投资性原则，其具体介绍如下所示。

■ 良好的获利能力

获利是每个投资人首要考虑的问题，需要将它作为一个原则来考虑，投资人都期望能够得到回报。所以，在其他因素相同的情况之下，选择基金产品时应该选择一些获利较高的产品，不能类似于低风险的投资人以保本为主，这样才会使得投资人的资本在短时间之内变大，持续膨胀。

■ 谨记风险

这一点与前面提到的获利能力有紧密的联系。一般来说，获利的多少与风险承担大小成正比。所以在投资的过程中，需要时刻将风险印入脑海。投资市场变化万千，市场情势一路走高，投资人也就可能随之获利；相反，市场一路下跌，投资人也可能损失惨重。所以，基金组合就很有必要性，随时警惕风险，巧妙构建组合，良性投资。

■ 重视资本

稳健型的投资人虽然能够承担部分风险，在长线投资中接受一部分的损失，但是投资人也需要确认资本的损失程度是否在可接受范围之内，如果投资一直处于亏损状态，后续的发展也会有较长时间的亏损，投资人就要及时作出反应，是否还要继续持有。

2．中风险投资的适用人群

在实际投资中，一般有保守型、稳健型以及积极型 3 类投资人，而稳健型的投资人比例在 60% 左右，这类型的投资人较多。主要有以下一些投资人群。

■ 家庭理财中风险组合最可靠

对于一个家庭而言，家庭成员一般由父母、老人以及小孩构成。那么，家庭开支主要是生活开支、抚养小孩以及照顾老人。一般父母二人都有自己固定的工作，对于家庭理财投资是兼职，不会全身心地投入其中，这类家庭一般会有一定的存款，能够承受一定的风险性，但是因为家庭责任较多，这类投资人主要是以稳健型的基金组合为主。

■ 女性投资优选中风险组合，稳中求胜

经过调查发现，稳健型的投资人中女性偏多。这是因为相比男性，女性更加细心、慎重，偏向于追求稳健增长。这类投资人一般在投资的初期就已经预设了一个最高风险承受程度以及资金亏损的上限，会按照自己的组合稳健地进行投资，不会激进追求高利。

■ 工薪阶层稳健型投资

对于工薪阶层的投资人来说，往往拥有稳定的收入，与其将资金放在银行获取蝇头小利不如用来投资理财。这类投资人因为收入固定，所以比起一次性投资基金组合，更多的是选择一个稳健的基金组合，每月定投，追求资产的稳定增长。

当然，稳健型的投资人不止以上 3 类，但是以上 3 类投资人是比较典型的稳健型投资人代表。从这 3 类投资人可以看出稳健型投资人的特点：一是将投资看作兼职，本身有其他职业；二是没有追求高利的想法，组合之中力求稳健；三是大多的稳健型投资人都是长期型的投资人。

7.2 中风险稳健型基金组合

中风险的基金组合配置是在能够接受一定风险的情况下，使得资产可以得到稳健地提升，具体接受的风险程度根据投资人的资产状况来确定。

1.中风险基金组合的构成

中风险的基金组合中除了需要对资产的本金有一项保障功能外，更重要的是组合能够得到高的回报收益，比例配置如图7-1所示。

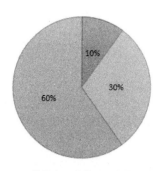

图7-1 稳健型基金组合配置

由图7-1可以看到，这类的投资中，保本已经不是组合的重心，60%比例的股票型基金，在增加组合风险的同时，也增加了组合高收益的可能性。另外配置了10%的灵活性货币型基金和30%的债券型基金，平衡组合的风险。这样的比例是比较常见的稳健型基金组合。

稳健型投资者既不愿意太激进，也不愿意过于保守，希望在承担适当风险的前提下获取一定的收益，在保持一定流动性的前提下实现投资收益的长期稳定增长。由于不愿或不能承受较大风险，所以可以将大部分资金配置稳健型的基金品种，小部分资金配置成长型的产品。

在这类基金组合中，常常会配置一些债券型基金、混合型基金及成长型基金。这类基金风险程度属于中等或者中高的水平。由于债券型基金分为纯债券型基金以及混合债券型基金，在保守型的组合之中运用较多的是纯债型基金，而在稳健型基金组合之中，常常被运用的是混合债券型基金。而混合型基金是股债混合且攻守兼备的基金，比较适合稳健型的投资人。

2．债券型基金如何投资

由于债券型基金的投资对象就是债券，其收益稳定、风险较小，所以常常在组合配置中被用来稳定基金组合，降低组合风险。债券型基金的特点如图 7-2 所示。

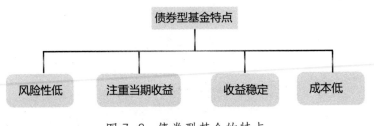

图 7-2　债券型基金的特点

既然债券型基金有这样的特点，那么，在具体的投资过程中该如何操作呢？下面来具体介绍债券型基金的投资重点。

■ 明确购买债券型基金的目的

如果投资人购买债券型基金是为了增加基金组合的稳定性，或者想通过债券型基金得到比储蓄更高的收益，是可以的。但是如果觉得债券型基金稳定，可以得到稳定收益就需要再深入了解。众所周知，债券型基金是风险较低的基金产品，但是也存在一定的风险性，尤其是在升息的环境中。当利率上行时，债券的价格会下跌，从而导致投资人持有的债券型基金可能会出现负回报的现象。

■ 了解债券型基金的具体情况

对于普通的债券来说有两个基本要素，分别是利率敏感程度和信用素质。而债券价格的涨跌与利率的升降成反向关系，利率上升的时候，债券价格下滑。债券价格从而影响债券型基金的资产净值对于利率变动的敏感程度，可以用久期作为指标来衡量。久期越长，债券基金的资产净值负利息的变动越敏感。

■ **债券型基金的信用**

债券型基金的信用取决于其投资债券的信用等级，投资人可以通过基金招募书来了解所投资债券的信用等级有哪些限制，通过基金投资组合报告了解对持有债券的信用等级。

另外，对于国内的组合类债券型基金，投资人还需要了解其所投资的可转债以及股票的比例情况。基金持有的可转债较多，可以提高收益能力，但是也就放大了风险。因为可转债的价格受正股波动的影响，波动要远大于普通的债券。尤其是集中持有大量转债的基金，其回报率受到股市和可转债市场的影响可能远大于债券市场。

■ **应对震荡市场的避险工具**

投资人在基金组合中大量地购买了股票型基金后，将受到股市波动的影响。在这样的情况下，投资人购入流动性好、风险较低的债券型基金，能够较大程度地降低投资人的投资风险。

如今市场的债券型基金资产中有80%左右都是由国债、金融债以及高信用等级的企业债券组成，基本上不存在信用风险。在控制好利率风险之后，债券型基金净值下跌的风险很小，收益很稳定，也迎合了投资人稳健收益低风险的需求。

当然，债券基金并非纯粹投资债券，因此它并不保本，同样有亏损的风险。只是它的投资风险远远低于股票型基金。下面来看一个具体债券型基金投资实例。

　　杨先生是某公司白领，月收入 6000 元，妻子是某单位会计，每月收入 3000 元，由于孩子刚一岁，家庭日常支出不是很稳定，家庭固定支出 1500 元，但家庭每个月支出都超过 3000 元。

　　杨先生考虑到家庭的支出情况，虽然现在家庭压力并不是很大，但是不代表未来没有家庭压力，因此杨先生考虑进行投资理财，以保证家庭生活质量。

　　杨先生将他的想法告诉了妻子，妻子很支持。考虑到自身的家庭收入情况和支出情况，对资金的流动性要求较高，所以能够承受的风险较低。夫妻二人想到如果将资金单纯地存在银行，收益较低，并不能有效地抵御通货膨胀，应选择具有储蓄性质的稳健型投资产品，对于这类投资，首选基金定投投资，基金定投的投资方式类似于银行零存整取，具有零存整取的特点。起点低、收益稳定，适合长期投资。

　　经过长时间的考虑，夫妻二人决定投资债券型基金。债券型基金又被称为固定收益基金，投资收益虽然比较少，但是比较稳定，主要是具有低风险、低收益、起点低及收益稳定等特点。同时，投资债券型基金的长期收益会高于银行储蓄，通常也作为抵御通货膨胀的工具。

　　由案例可以看到，杨先生一家利用了债券型基金可以随时变现的功能来进行投资。虽然收益率不是很高，但是对于初入基市进行理财的投资人来说，这样的投资安全性高，在熊市当中优势比较明显。

3. 保守配置型基金的投资策略是怎样的

　　配置型基金既投资股票又投资债券，其风险收益特征既不同于高风险高收益的股票型基金，也不同于低风险低收益的债券型基金。这种基金的主要特点是它可以根据市场情况更加灵活地改变资产配置比例，实现进可攻退可守的投资策略，投资于任何一类证券的比例都可以高达 100%。

按照股票仓位的高低，可以分为积极配置型基金、标准混合型基金以及保守配置型基金。积极配置型股票仓位通常在 60% ~ 90% 变动，标准配置一般是 40% ~ 80%，保守配置型股票仓位一般在 0 ~ 50% 范围内。对稳健型投资人而言，保守配置型基金是不错的投资选择。在这类配置型基金中，资产配置风格呈现出两类明显的差别。

◆ 一类大部分资产投资股票，因此股票上涨时，基金发展较好。反之，基金亏损严重。

◆ 一类大部分的资产投资于债券，配置较为保守。因此虽然在股市上涨的时候表现不明显，甚至是落后，但是在股市下跌的时候则显现出了比较强的抗跌特性。

保守配置型基金的股票仓位长期保持在 50% 以下，风险收益特征低于股票型基金和积极配置型基金，但高于货币型、债券型和保本型基金，在市场震荡行情中基金净值的波动性较小。

保守配置型基金的基金经理通过较高的债券配置降低波动风险，为低风险偏好的投资人提供可以选择的投资工具，同时参与偏低的股票配置，获取一定的超额收益。

对于追求稳健收益的投资人，在市场震荡格局下，不妨配置一定比例的保守配置型基金，这样既可以使自己的基金组合保持了进攻性，同时也不失稳健性。如图 7-3 所示为保守配置型基金排行。

序号	基金代码	基金名称	单位净值(元)	晨星评级(2016-06-30) 三年	五年	今年以来 总回报率(%)	排名(49)
1	002061	国泰安康养老定期支付混合C	2.3230	☆☆☆☆☆	☆☆☆☆☆	86.59	1
2	001115	广发聚安混合 - A	1.2920	☆☆☆☆☆	☆☆☆☆☆	11.00	2
3	519022	国泰金泰平衡混合C	1.1640	☆☆☆☆☆	☆☆☆☆☆	9.63	3
4	001495	东方新价值混合A	1.1000	☆☆☆☆☆	☆☆☆☆☆	6.66	4
5	001448	华商双翼平衡混合	1.0940	☆☆☆☆☆	☆☆☆☆☆	3.99	5
6	000367	国泰安康养老定期支付混合A	1.2800	☆☆☆☆☆	☆☆☆☆☆	2.73	6
7	000507	泰达宏利养老收益混合 - A	1.2120	☆☆☆☆☆	☆☆☆☆☆	2.62	7
8	001572	嘉合磐石混合C	1.0940	☆☆☆☆☆	☆☆☆☆☆	2.53	9
9	000256	上投摩根红利回报混合A	1.0230	☆☆☆☆☆	☆☆☆☆☆	2.50	8
10	001221	国联安鑫富混合A	1.0630	☆☆☆☆☆	☆☆☆☆☆	2.21	
11	519020	国泰金泰平衡混合A	1.1640	☆☆☆☆☆	☆☆☆☆☆	2.20	10
12	001204	东方红稳健精选混合 - C	1.1210	☆☆☆☆☆	☆☆☆☆☆	2.09	12

图 7-3 保守配置型基金排行

4. QDII 基金的投资技巧

QDII（Qualified Domestic Institutional Investors，合格的境内机构投资者）是在境内设立，经过有关部门批准从事境外证券市场的股票、债券等有价证券业务的证券投资。

QDII 在货币没有实现完全可自由兑换、资本项目尚未开放的情况下，有限度地允许境内投资人投资境外证券市场的一项过渡性的制度安排。QDII 产品主要可以分为银行系 QDII 和基金系 QDII，这里主要介绍的是 QDII 基金。QDII 基金的特点如表 7-1 所示。

表 7-1 QDII 基金的特点

特点	内容
投资海外，分享盛宴	中国市场只是全球市场的一部分，在 A 股上涨的同时，还有很多国家和地区的其资本市场投资回报胜于国内。投资海外，在全球市场寻求投资机会，享受世界各区域的经济成长。通俗地说，全球市场哪里有好的投资机会，QDII 基金就投向哪里

特点	内容
配置全球，规避风险	在A股市场下跌行情或震荡行情中，国内好的投资机会较少，这时对现有资产做适当配置，参与国际化投资，可以规避单一市场风险，同时有机会获取良好的投资回报
投资多个市场，规避汇率风险	在 QDII 基金投资的国家中有不少币种的升值幅度高于人民币。以这些市场构建的一篮子组合模拟测算，即使买入的投资品 3 年没有价格涨跌，仅仅货币升值就可以带来 12% 以上的收益，远高于人民币升值的幅度

对于 QDII 基金很多投资人并不看好，原因是 QDII 基金生不逢时，2007 年刚刚发行就遇到 2008 年百年一遇的金融危机。首次发行的 4 只 QDII 基金很快就跌至 0.3 元左右，损失惨重，导致很多投资人对 QDII 基金丧失信心。但是随着通货膨胀，人民币贬值，美联储加息，QDII 又重新成了投资人讨论的热点。关于 QDII 基金的投资，投资人应该从风险和收益两个方面来进行考量。

■ QDII 基金的风险性

将资产投资海外能够很好地平衡风险。很多的投资人都明白，投资需要将资产分散开来投资，降低资金的风险。

但是在实际的投资中，会遇到市场整体下跌的情况。例如，2007 年中国股市整体下滑，从 6000 点跌至 2000 点。在这样的情况下，不论投资人将资产放在国内的哪只基金上，结果都是一致的亏损。所以， 这个经验告诉我们，投资分散风险仅仅是考虑"篮子"是不够的，要将投资的目光望向全世界，这样可以很好地平衡国内的股票风险。

■ QDII 基金的收益性

虽然 QDII 基金诞生时的业绩表现不佳，2008 年首批 QDII 基金平均收益率为 − 47.9%，但是随着市场行情的变化，QDII 基金也跟着改变，越来越多的投资人投资 QDII 基金。如表 7-2 所示为 2016 年各类基金的规模变化。

表 7-2　2016 年各类基金的规模变化

基金类型	规模（亿元）	规模增幅	基金数量（只）	数量增减（只）
货币型	43585	− 5%	276	14
混合型	19592	− 14%	1425	219
债券型	8855	25%	652	115
股票型	6568	− 13%	591	27
QDII	848	41%	109	10
另类	250	4%	27	6
合计	79636	− 5%	3080	391

由表 7-2 可以看到，受到股市震荡与低迷的影响，混合型与股票型规模下降尤为明显；而 QDII 与债券型基金规模得到提升，尤其 QDII 基金受到基民的青睐，达到 41%。这与 QDII 的回报率表现分不开，如表 7-3 和表 7-4 所示为 2006~2016 年的各类基金回报率和 2016 年上半年 QDII 基金的收益排行。

表 7-3　2006 ～ 2016 年的各类基金回报率

年份	股票型	QDII	混合型	债券型
2008	− 51.5%	− 47.9%	− 45.3%	7.4%
2009	70.9%	57.5%	57.2%	4.7%
2010	3.7%	3.6%	4.7%	7.3%
2011	− 24.9%	− 20.0%	− 21.2%	− 3.1%
2012	− 8.1%	6.2%	− 7.4%	5.0%

表 7-4　2016 年上半年 QDII 基金收益排行

排名	基金名称	上半年收益	规模（亿元）
1	中银标普全球精选	28..64%	0.19
2	汇添富黄金及贵金属	24.37%	2.02
3	诺安全求黄金	24.17%	6.51
4	嘉实黄金	24.17%	2.90
5	易方达黄金主题	23.97%	4.20
6	上投摩根全球天然资源	20.53%	0.54
7	华宝兴业标普油气人民币	17.78%	32.18
8	诺安油气能源	15.45%	2.04
9	华安标普全球石油	13.70%	8.51
10	广发美国房地产人民币	13.08%	1.79

　　由表 7-4 可以看到，QDII 基金的整体收益发展较好，投资人的数量也增多。总之，部分配置 QDII 基金能够有效地减少投资组合的风险却不降低整个基金组合的收益。对于稳健型的投资人来说，中风险的基金组合之中可以适当地配置 QDII 基金，减少组合风险的同时，得到较高的回报。

5．追求稳健风格，构建基金组合

　　对于中等风险的投资人来说，明确了自己的投资风格之后，就需要开始构建自己的基金组合了。稳健型的投资有一定的风险承受能力，所以基金组合可以逐步提升自己的风险接受能力。

■ 风险相对较低的稳健型基金组合

　　稳健性格的投资人在投资初期可接受的风险程度不是很高，基金组合中货币基金和债券基金占了很大的比例，另外配置了混合型基金和股票型基金，同时投资风格积极的品种作为辅助。

在后续的投资发展中，可以随着基金变化，进行转化。逐渐提高组合中高风险资产的比例，增强组合风格的进攻性。如图 7-4 所示为组合的配置比例。

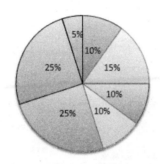

图 7-4　基金比例配置情况

由图 7-4 可以看到，在这个基金组合配置之中，股票型基金比例为10%，债券型基金比例为25%，而混合型基金比例为15%，货币基金比例为25%。另外配置类 QDII 基金为 5%，分级基金为 10%，封闭式基金 10%。这样的组合整体来看比较稳健、风险较低。而具体的基金可以做如下考虑。

- ◆ **股票型基金**：国联安双力中、建信有色金属。

- ◆ **混合型基金**：中银中国精选、嘉实主题精选。

- ◆ **封闭式基金**：建信优势动力精选、基金安信。

- ◆ **分级基金**：长盛同庆 A、国泰估值优先。

- ◆ **QDII 基金**：广发全球医疗、华安德国。

- ◆ **债券型基金**：嘉实超短债、中银稳健增利。

- ◆ **货币型基金**：华夏现金增利、中信现金优势货币、易方达货币 B。

■ 适当积极的稳健型基金组合

当稳健的投资人具有一定的投资技巧之后，随着通货膨胀的回落，增长放缓，投资人可以适当积极地调整基金组合。在组合风险逐渐提升的过程中可以加入指数型基金，来增强组合的高风险资产比例，当然组合的风险性也随之提高。如图7-5所示为具体的基金组合配置比例情况。

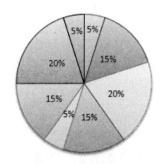

图7-5 基金组合配置比例

由图7-5可以看到，相比前面的基金组合，组合的风险性有了很大的变化。股票型基金的比例为15%、指数型基金的比例为5%、混合型基金的比例为20%、封闭式基金的比例为15%、分级基金的比例为5%、QDII基金的比例为5%、债券型基金的比例为15%以及货币基金的比例为20%。由于增加了指数型基金以及股票型基金比例，同时减少了相对稳定低风险基金的比例，整个组合的风险性增强。其具体的基金推荐如下所示。

◆ **指数型基金：** 易方达深证100ETF、富国沪深300增强。

◆ **股票型基金：** 易方达价值精选、华夏复兴、银华核心价值优选、华夏行业精选、大摩领先优势。

◆ **混合型基金：** 中银中国精选、兴业趋势投资、嘉实主题精选、兴业可转债。

- ◆ **封闭式基金**：基金科瑞、建信优势动力精选、基金安顺、基金安信。

- ◆ **分级基金**：长盛同庆 A、国泰估值优先。

- ◆ **QDII 基金**：海富通中国海外精选。

- ◆ **债券型基金**：嘉实超短债、中银稳健增利。

- ◆ **货币型基金**：华夏现金增利、中信现金优势货币、易方达货币 B。

7.3 中风险基金组合投资案例

> 对中风险的基金组合配置有了一定的了解之后，就可以按照自己的想法进行组合配置了。下面来介绍一些具体的中风险组合投资实例。

1. 家庭式理财稳健投资

前面提到过，稳健型的基金组合投资比例适合家庭理财，尤其是三代同堂这样的家庭结构。中风险的基金组合能够达到为家庭增加稳健收益的目的。

王女士今年 38 岁，现任某公司项目经理，月收入 7000 元。其先生 40 岁，某公司部门经理，月收入 1 万元，此外，还有年终奖合计 1 万元左右。两人平常出差比较多，出差费用公司予以报销。家中有一个 12 岁男孩，正在上小学五年级。小孩目前正在学习钢琴，家教费用支出 2000 元 / 月。

目前夫妻俩与先生的父母同住。家里房产价值 40 万元，其中贷款余额 25 万元，每月家庭生活开支 4500 元，贷款月供 2000 元。家有备用现金和活期存款 3 万元，定期存款 12 万元。王女士和先生均有社会医疗保险和补充医疗保险，王女士本人还买了保额 10 万元的重大疾病保险（以下简称重疾险），但两位老人没有医疗保障，目前身体还健康。家里的具体收入开支如表7-5所示。

表7-5　王女士家庭收入开支

名称	收入	支出项目	支出金额	结余
月薪	17000元	家教	2000元（月度）	–
年度奖金	10000元	生活	4500元（月度）	–
活期存款	30000元	房贷	2000元（月度）	–
定期存款	120000元	–	–	–
合计	364000元	–	102000元	262000元

目前，该家庭的年收入合计为21.4万元，每年的基本开销在10.20万元左右。现有资金15万元均为银行储蓄存款。王女士家虽有购房贷款，但是从其收入来看目前的资产情况还是比较安全的。现有资产结构比较单一，金融资产没有组合起来进行投资，比较保守，获利能力很低。

根据王女士家的情况，建议加强家庭保障，构建中风险的基金组合进行投资。投资方案如下所示。

■ 方案一：建立孩子教育基金

目前孩子正在上小学五年级，所以从现在开始的7年内需要每年从结余中留取一部分用于建立孩子的教育基金，以便孩子在高中毕业时有足够的资金供其读大学，或者留学深造。王女士可以每年投入一定的资金购买低风险的固定收益类的产品，预计年收益率在4%左右。

假设7年后，王女士需要50000元资金供孩子出国留学，按照7年期收益率4%来计算，王女士每年年末需要定期投入约62000元。对于此类的教育基金可以考虑购买债券型基金。如图7-6所示为2016年债券型基金的收益率排行。

基金简称	日期	单位净值	累计净值	近1月	近3月	近6月	近1年	近2年	近3年	今年来
国泰中国企业境	06-30	1.266	1.263	2.84	5.24	8.02	17.22	20.34	29.32	7.93
博时亚洲票息收	06-30	1.1918	1.334	1.78	4.97	7.15	16.18	22.16	38.67	7.04
鹏华全球高收益债	06-30	1.183	1.294	1.89	5.04	6.21	16.42	25.84	--	6.12
工银双利债券A	07-04	1.72	1.704	3.43	3.68	6.77	8.93	37.71	44.42	5.98
新华信用增益债券C	07-04	1.309	1.297	1.47	4.72	7.03	7.56	18.12	--	5.82
工银双利债券B	07-04	1.679	1.663	3.45	3.64	6.60	8.67	36.73	42.77	5.80
天弘瑞利分级债券	07-04	1.12	1.136	0.72	0.54	5.86	9.27	--	--	5.76
博时亚洲票息收	06-29	0.1797	0.202	1.07	2.86	5.00	7.20	13.51	29.14	4.83
博时亚洲票息收	06-29	0.1797	0.202	1.07	2.86	5.00	7.20	13.51	29.14	4.83

图 7-6 2016 年债券型基金收益率排行

从图 7-6 中可以看到，虽然债券型基金收益率有所波动，但是整体比较稳定。保守估计的 4% 收益率，债券型基金可以达到。

■ 方案二：建立家庭医疗基金

王女士夫妇都参加了社会医疗保险和补充医疗保险，但是家庭中两位老人并没有医疗方面的保障。尽管现在两位老人的身体状况很好，但是仍然需要未雨绸缪。考虑到现在的保险公司没有针对 50 岁以上人群的商业医疗保险，所以王女士需要自己来早日构建两位老人的医疗基金。

王女士可以将现有的 12 万元存款中的 50%，即 6 万元，由之前的银行定存改为流动性更强的投资。因为这类资金没有预见性，需要用时很急迫，要求及时变现能力强。

当遇到突发情况取款时，定期储蓄的利率按照活期计算，不是很划算，这时可以考虑货币型基金。货币型基金可以保证资金的流动性，同时又能取得与银行定期储蓄差不多的收益。如表 7-6 和图 7-7 所示分别为 2015年 10 月各大银行的存款利率表和 2016 年货币基金收益率排行详情。

表 7-6　2015 年 10 月银行存款利率表

分类	银行	活期	三个月	半年	一年	两年	三年	五年
基准	基金利率	0.35	1.10	1.30	1.50	2.10	2.75	－
国有银行	工商银行	0.30	1.35	1.55	1.75	2.25	2.75	2.75
	农业银行	0.30	1.35	1.55	1.75	2.25	2.75	2.75
	中国银行	0.30	1.35	1.55	1.75	2.25	2.75	2.75
	建设银行	0.30	1.35	1.55	1.75	2.25	2.75	2.75
	交通银行	0.30	1.35	1.55	1.75	2.25	2.75	2.75
股份银行	招商银行	0.30	1.35	1.55	1.75	2.25	2.75	2.75
	民生银行	0.30	1.50	1.75	2.00	2.45	3.00	3.00
	中信银行	0.30	1.50	1.75	2.00	2.40	3.00	3.00
	浦发银行	0.30	1.50	1.75	2.00	2.40	2.80	2.80

基金代码	基金简称	万份收益｜日期	年化收益率				近三月	今年来	上市来
			7日	14日	28日	35日			
519887	工银瑞信安心增利B（吧）	0.0000｜01-22	0.00%	0.00%	0.00%	0.00%	1.38%	0.00%	2.56%
519886	工银瑞信安心增利A（吧）	0.0000｜01-22	0.00%	0.00%	0.00%	0.00%	1.36%	0.00%	3.49%
001843	九泰日添金货币B（吧）	0.8713｜07-05	3.32%	3.71%	4.19%	4.19%	0.98%	1.86%	1.97%
001842	九泰日添金货币A（吧）	0.8061｜07-05	3.07%	3.43%	3.87%	3.87%	0.90%	1.72%	1.81%
001211	中欧滚钱宝货币（吧）	0.8893｜07-05	3.30%	3.65%	3.45%	3.79%	0.90%	1.91%	3.42%
000923	中邮现金驿站C（吧）	0.7013｜07-05	2.48%	2.56%	2.33%	2.44%	0.87%	1.59%	5.49%

图 7-7　2016 年货币基金收益率排行

　　将表 7-6 与图 7-7 进行对比可以看到，货币型基金年收益率和各大银行的定存利息大致相同。但是相比定存，货币型基金却有及时取现的优势，适合医疗类型基金。

■方案三：加强家庭保障

王女士目前已经购买了保额 10 万元的重疾险，建议王女士的丈夫也购买类似的意外和健康险，这样能加强王女士家庭的抗突发事件的能力，使得家庭的理财计划能够顺利地实现。考虑到王女士丈夫的年龄，估计每年需要缴纳 4000 元的保费。另外应该给孩子购买一份医疗保险，估计每年需要缴纳 1000 元的保费。这样能提高王女士家庭针对疾病及意外的抗风险能力。

■ 方案四：留够应急资金

考虑到要赡养老人，养育孩子，王女士夫妇应该至少准备 6 个月的基本生活费及还贷资金，约 5 万元作为备用金和应急现金，王女士夫妇目前可以考虑在 3 万元活期存款基础上，再从定期存款中拿出 2 万元充当备用金和应急现金，用于老人医疗基金等。但在当前的低利率时代，为了保持资金的流动性而把钱全部存入银行作为活期存款无疑是资源浪费，建议王女士可以按照每月的必须支出 0.85 万元为单位，错期循环存为 3 个月的定期储蓄，这样既保证了流动性，又取得了比活期存款明显更多的收益。

■ 方案五：合理配置基金组合

这样一来，王女士家还有 4 万元的现有资金和每年 3.5 万元的后续资金。对于这部分资金，应该着重从金融投资增值的角度进行合理的资产配置。王女士可以构建稳健型的基金组合，选择一些风险适中，收益较高的产品。具体的基金比例配置如图 7-8 所示。

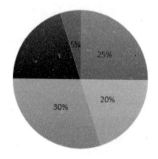

■股票型基金 ■混合型基金 ■债券型基金 ■货币型基金 ■QDII基金

图 7-8　基金组合比例配置

考虑到王女士家的资金状况能够承受一定的风险，所以组建的基金组合偏向于稳健型。尽管配置了 25% 的股票型基金，但是在组合之中配置了 20% 的货币型基金和 30% 的债券型基金来保障组合的稳定性，另外配置了 20% 的混合型基金和 5% 的 QDII 基金。具体的基金产品配置如表 7-7 所示。

表 7-7　基金组合配置详情

基金代码	基金名称	基金类型	投资金额
163208	诺安油气能源	QDII	3750 元
001843	九泰日添金货币 B	货币	15000 元
000103	国泰境外高收益债券	债券	15000 元
000274	广发亚太收益人民币	债券	7500 元
001465	国金通用鑫运混合	混合	15000 元
001616	嘉实环保低碳股票	股票	7500 元
000960	招商医药健康产业	股票	7500 元

这样的基金组合主要以稳健为主，增值为辅，符合王女士家的投资需求。整个组合需要长期持有才能够体现组合的收益性。

2．"一穷二白"的稳健理财

有一种错误的观点是钱多才需要理财，钱少就不用理了。其实不然，理财是一种习惯，虽然年轻的时候钱可不多，但是关注理财久了，很多理财的方法渐渐就上手了。等到后期有了一定的存款后，理起财来才会越来越得心应手。所以，理财应该是越早越好。

林某 24 岁，大学毕业后已经工作 2 年，税后月薪在 5000 元左右，年终奖 1 万元。每个月的消费在 3000 ～ 4000 元，其中包括吃饭 1000 元、房租 1500 元以及其他消费 500 ～ 1000 元。有时候会出现月光的情况，具体的收支情况如表7-8所示。对于林某来说，理财就是余额宝。

表7-8　林某的资金收支情况

名称	收入	支出项目	支出金额	结余
月薪	5000元	生活	1000元（月度）	—
年度奖金	10000元	房租	1500元（月度）	—
活期存款	10000元	其他	1000元（月度）	—
合计	80000元	—	42000元	38000元

其实像林某这样的情况，很多初入职场的白领都会遇到，初入职场存款不多，每个月的花销却不少。除去生活费、房租之外，在添置一些化妆品或衣服，所剩的余额并不多。对于这类投资人，很多时候财富还处于一个积累期，收入通常不高，此时可以通过自身情况构建自己的理财计划。

■ 方案一：留存应急资金

不论是保守型、稳健型还是激进型的投资人，都应该为自己留一笔紧急备用金，用来应对一些突发情况。一般紧急备用金准备 3 ~ 6 个月的支出额就可以了，以林某的开支情况。这笔资金应该以流动性为主，可以考虑货币基金。林某将本身的 1 万元存款存入支付宝即可。

■ 方案二：工资到手，先合理分配

对这类投资人来说，每月工资到手后，除了必要的生活开支，剩下的结余资金可用于强制储蓄或适当的投资。如果常常月光，一定不要嫌麻烦，坚持记账，把每一笔支出清清楚楚地列出来然后分析。林某每月的消费可以控制在 3800 元左右，余下的 1200 元拿来进行投资。

■ 方案三：根据自身风险承受能力，构建组合

通过咨询林某认为自己是一个稳健型的投资人，既不是喜欢低风险不能亏损的保守型投资人，也不是激进型追求高风险的投资人。但是由于

林某之前没有投资的经验，所以在构建基金组合时也会偏向稳健一些，以整个组合的稳定性为主。

根据林某的资产状况，虽然存款不是很多，但是由于刚工作不久，家庭压力不是很大，可以采用基金组合定投的形式投资，合理地运用资金。具体的组合配置如图7-9所示。

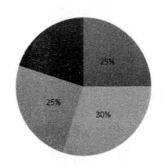

■股票型基金　■混合型基金　■债券型基金　■货币型基金

图 7-9　基金组合比例配置

由于林某本人对于风险有一定承受能力，所以配置了25%的股票型基金，和30%的混合型基金，但是也配置了20%的货币型基金和25%的债券型基金来保持基金组合的平衡。具体的基金产品配置如表7-9所示。

表 7-9　基金产品配置详情

基金代码	基金名称	基金类型	所占比例
213009	宝盈货币 A	货币	20%
519977	长信可转债	债券	15%
519030	海富通稳固债	债券	10%
240022	华宝资源优选	混合	20%
110025	易方达资源行	混合	10%
320014	诺安上证新兴	股票	15%
165520	信诚中证 80	股票	10%

经过两个实例的分析可以看出，其实理财与投资人的资产状况关系不大，重要的是投资人需要有投资的想法。对基金投资人而言，重要的因素是投资人的风险偏好和风险承受能力，而稳健型的投资人两者都具备一些。所以在配置基金组合时可以适当加仓比例，提高组合的风险性。

虽然这类投资人愿意承受一定的投资风险，但是厌恶剧烈的市场波动。合理配置投资组合中各类风险收益特征的基金产品之间的比例，能够帮助降低投资组合的整体波动性。

另外，长期持续的定期定额投资方式能够帮助投资人规避部分市场波动带来的风险，在有效控制风险的前提下，获得长期持续的稳健增值。

·08·

. PART .

高风险的
投资人

高风险的
基金组合

高风险基金
组合案例

高风险高收益的基金组合投资

　　有这样一类投资人，稳健增值的投资方式已经不能够满足他们对于高收益的追求，他们渴望通过高风险的基金组合方式投资来获得高收益的可能性。这一类追求高风险的投资人就是激进型的投资人。

8.1 高风险激进型投资人

> 高风险激进型投资人指以获取股票价格波动产生的价差收益为目的的投资人。这类投资人多将资金投放于价格波动幅度大的产品中。

激进型投资人期望能够取得比防御型或被动型投资人更好的收益，但是首先需要确定不会得到更糟的结果，也就是提前确认投资的风险自己能不能承担。在可以承担风险的范围内进行投资，会使得投资更加顺畅。

1. 高风险投资人要注意风险控制

投资理财的基金产品各有不同，如货币型基金、债券型基金以及股票型基金等。货币和债券的投资相对来说具有较为固定的收益，并且投资领域都是一些相对安全的市场，本金受到损失的可能性小。而股票型基金波动性较大，在盈利较大的同时也面临着巨大的风险，这类投资属于高回报高风险的投资理财。

对投资人而言，如果将资金投入货币市场，每年大约可以得到 3% 的回报；投资于债券市场，每年可以获得 5% 以上的回报；投资于股票市场，收益就很难估计了，有可能是 100%，甚至是 200%。根据投资市场属性不同，投资人获得的收益也不同，但是除了关注投资市场带来的收益之外，还需要注意蕴藏在收益中的风险。

不同回报对应不同的风险，随着投资回报的增加，风险也成倍放大。收益在 3% 左右的货币市场几乎没有风险，除非出现巨大的金融风险，导致金融系统崩溃；债券市场 5% 的收益就要面临企业经营不善要倒闭的风险；而高风险的股票投资市场风险更是随时存在。在操作上，高风险股票型基金主要存在以下几个方面的风险。

◆ 基金规模过大。大规模的基金，基金经理操作难度大，防止投资人赎回的压力较大，现金头寸比较多，所以有时候跑起来比混合型基金还慢。

◆ 证券市场大幅度震荡，介入时机不恰当，如果在大盘大幅度上涨的当天买进股票型基金，而其后遇到股市调整则风险会暴露无遗；频繁操作，把基金当作股票操作，由于基金的交易费用比股票多，存在只赚指数不赚钱的可能。

◆ 选择的基金投资风格不是大盘主流热点。

除了以上操作性风险之外，高风险的股票型基金还面临着系统性风险和非系统性风险。系统性风险是市场本身存在的风险，包括政策、经济周期性波动、利率及汇率等的影响。而非系统性风险指个别证券特有的风险，包括企业经营风险以及财务风险等。

投资人在高风险投资时，要严格控制投资风险。投资人投资理财的本意是保证资金的保值增值，所以投资应该是在控制风险的前提下才进行。尤其是回报较大的投资，其本身的风险就十分的巨大，所以投资人要做好止盈止损预案。在风险发生时，及时地做出反应，避免损失进一步变大。所以，对投资人而言，严格控制风险是高风险理财的前提。

2．激进型投资人群

既然有些人适合保守型投资，有些人适合稳健型投资，那么也有些人适合激进型投资，他们的投资人方式与其他类型的投资人不同。一些敢于承担风险或者经济能力较好的人比较适合做激进型的投资，因为他们能够承担风险，而且自身对于收益的要求较高，并且有足够的资金进行投资。激进型投资人主要有以下人群。

■ 具有冒险精神的投资人

这类投资人是典型的具有赌徒心理的投资人，他们相对于小心翼翼的稳健型投资他们更加倾向于激进型投资，他们具有天生的冒险精神，愿意承担高收益之下的高风险，并且乐此不疲。

■ 经济实力较强的投资人

还有这样的一类投资人，他们有较强的经济实力，可以承担高风险的投资，并且有足够的资金支撑，能够进行长期性的投资，比起稳健缓慢增长的收益，更加追求高收益。

■ 专业的投资人

大多数投资人都有自己的职业，投资是理财的一种方法，或者更类似于兼职。他们会将闲暇的时间投入在上面，期望自己的资产能够有所增长。但是有一类投资人，他们将投资作为一种职业，也就是专业的投资人，他们相对于一般的投资人来说，更加全身心地投入其中。这类投资人通常追求的是高收益高风险的投资。

需要注意的是，激进型投资并不适合事业刚刚起步的投资人。很多年轻人在投资时抱着"年轻没有局限，不成功，便成仁"的决心。但是，对于这类投资人，投资不要过度地投机，事业刚起步的投资人不要单纯地以为敢于冒风险就能轻易尝试激进型的投资。

以高校毕业生为主要群体的职场新人就属于事业起步者，在开始的几年甚至很长一段时间中都处于收入不高但是负担也不重，薪资待遇逐步提升的阶段。作为投资理财意识觉醒比较早的群体，他们往往更有机会和热情主动参与投资。

今年夏季刚从高校毕业即工作的章某，在学校时就曾用生活费的一部分投资基金，并且在去年利好形势下获得不菲的收益。刚刚领到第一个月的工资，他就准备用其中的一部分在近来波动的市场中"逢低入市"搏一下。他说："其实工资这点钱实在有限，反正现在年轻还有的是时间投资冒险。年轻人得有点魄力，即使全亏了也大可从头再来。

虽然激进型投资人有着在高风险中追求高收益的特点，但是最终还是会在理性地分析与判断之后采取一定投资策略，以获得收益为导向。事业起步者是塑造个人事业和发展方向的重要阶段，有意识地主动参与投资理财是很值得肯定的，但是不要打无准备之仗，不能够盲目投资，更不能举债投资。

8.2 高风险的基金组合

> 高风险基金组合与低风险基金组合、中风险基金组合最大的不同在于仓位。在高风险的基金组合中，股票基金的所占比例明显增加，货币基金不再是重要的标配。

1. 高风险的基金组合构成

高风险的基金组合对于组合的稳定性来说，更加关注整个组合的收益性。所以，在这样的组合之中，高风险的基金产品所占比例会大幅度增加，具体的组合比例如图8-1所示。

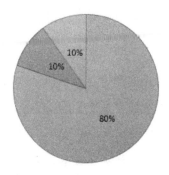

图 8-1　激进型基金组合比例配置

从图 8-1 中可以看到，激进型的基金组合与稳健型、保守型的基金组合区别很大，高风险的投资产品比例可以达到 80% 左右，当然，这一类型的投资人接受风险的程度也很高。

在这类组合中，最常常被运用到的是股票型基金。这类基金以追求长期资本增值为目的，比较适合长期投资。与其他类型的基金相比，股票型基金的风险较高，但是预期收益也较高。因为股票型基金是以股票为投资目标的，所以它的收益直接受到股市的影响，随大盘的上扬而增长，也随大盘的下跌而降低。

另外，对于激进型的投资人来说，指数型基金也不会太陌生。这类基金的风险性较高，波动变化较大，不适合短线操作。在任何市场环境中，指数型基金都是高仓位的，很难通过基金经理的操作来规避股市带来的风险，但是这类基金的预期收益也较高。

2．股票型基金怎样投资

股票型基金是指 60% 以上的基金资产投资于股票的基金，股票型基金的类型较多，根据划分依据的不同，可以将其分为不同的类型。

■ 按股票种类区分

按照股票种类来区分，可以将股票型基金分为优先股基金和普通股基金两种。优先股基金指的是一种可以获得稳定的收益、风险较小的股票型基金，其投资对象以各公司的优先股为主，收益主要来自股利收入。而普通股基金是指以追求资本利息和长期资本增值为投资目标，风险比优先股基金高。

■ 按投资分散程度区分

股票型基金按照基金资产投资分散程度来进行区分，可以分为一般普通股基金和专门化基金。一般普通股基金是将基金资产分散投资在各类普通的股票上面。相反，专门化基金是将基金资产投资在某些特殊行业的股票上面，风险较大，但可能具有较好的潜在收益。

■ 投资策略区分

股票型基金按照投资策略来进行区分可以分为价值型基金、成长型基金和平衡型基金，这些是比较常见的类型。具体介绍如下所示。

◆ **价值型基金**：这一类型的基金风险较小，但是预期收益也较低，适合向分享股票型基金收益，但是比较倾向于基金风险承担较小的投资人。一般来说，价值型基金采取的投资策略是低买高卖，重点关注股票目前的价格是否合理。

◆ **成长型基金**：这一类型的基金适合愿意承担较大风险的投资人。因为这一类型的基金风险最高，但是预期收益的成长空间也相对较大。成长型基金在选择股票时对股票的价格考虑得较少，多投资于产业处于成长期的公司。在具体选股时，更青睐于投资具有成长潜力（如高科技、生物制药或者新能源材料类）的上市公司。

◆ **平衡型基金**：这一类型的基金处于价值型和成长型之间，在投资

　　策略上面，一部分投资于股价被低估的股票，一部分投资于处于成长型行业的上市公司的股票。

【提示注意】

价值型基金一般会投资于公用事业、金融及工业原材料等较为稳定的行业，而较少投资于市盈率倍数较高的股票，如网络、生物制药类的公司。

　　从风险性来看，由于平衡型基金处于价值型基金和成长型基金之间，所以更容易被投资人接受，投资的人也最多。

　　任何投资都具有风险，基金投资亦是如此。股票型基金由于价格波动较大，风险系数较高。除了市场风险之外，股票型风险还存在着突发风险、流动性风险以及操作风险等。所以投资人在进行股票型基金投资时需要遵循股票型基金的投资原则，如图8-2所示。

波段性原则
基金的净值随着大盘行情走势而波动，应该采取波段操作。

操作分批原则
投资人很难把握在最高（最低）点申购（赎回），只能够在相对的高（低）点介入。因此，分批参与就能够保障在相对高（低）的位置上获得收益。

控制节奏
股票型基金不同于股票，不能够用股票的方式买卖，一般每个波段都有2～3个月的间隙，不宜在买入或者卖出后立即进行下一次的操作。

图 8-2　股票型基金投资原则

　　和股票相比较，股票的价格在每一个交易日内都处于浮动之中；股票型基金净值的计算每天只进行一次，因此每一交易日股票型基金只有一个价格，股票价格会因为投资人买卖股票数量的大小、强弱的对比而受到影响。但是股票型基金的份额净值不会因为买卖数量或者是申购赎回的数量变化受到影响。那么，投资人在进行股票型基金投资时有什么技巧呢？首先是股票型基金的选择，主要从以下几个方面来进行。

■ 考察基金的盈利能力

投资人选择股票型基金时，查看基金的盈利是最直接有效的。一般来说，主要考虑基金的阶段收益率和超越市场平均水准的超额收益率。基金的阶段收益率反映了基金在这一阶段的收益情况，是基金业绩的最直接表现，但是这个业绩受到了很多方面因素的影响，有一定的偶然成分。另外，评价收益率还需要考虑基金获得超越市场平均水准的超额收益率，常常用詹森指数作为衡量的标准。詹森指数衡量基金获得超越市场平均水准的超额能力可以作为极短收益率的补充，可以帮助投资人更加全面地判断基金的盈利能力。

■ 基金抗风险的能力

投资人选择股票型基金时，还需要关注基金的抗风险能力。这主要是通过该基金的亏损频率和平均亏损幅度来比较。不同的亏损频率和亏损幅度在一定程度上反映了基金经理的操作风格。只有将亏损频率和亏损幅度控制到较好水平的基金才具有较强的抗风险能力，帮助投资人实现长远持续的投资回报。

■ 选股择时能力

一般来说，股票型基金的管理团队应该坚持价值投资理念。股票型基金的业绩很大程度上取决于基金经理是否能够通过主动投资管理实现基金资产增值，考察股票型基金的选股就显得尤为重要了。

衡量基金经理选股能力的常用指标有组合平均市盈率、组合平均市净率以及组合平均净资产收益率等。只有持仓组合的组合平均市盈率、组合平均市净率、组合平均净资产收益率等指标处于较合理的水平，基金资产才有较好的升值前景。

■ 抗跌能力强

现在市面上的基金产品种类较多，配置的资产也是变化万千。尽管下跌较多的股票反弹的力度也会较大一些，但是这样的股票品种持续上涨的概率却值得投资人深究。反之，下跌幅度不大而反弹力度较大的股票品种才是基金配置的重点，这也是抗跌基金的一个显著标志。因此，投资人通过净值排行榜选择基金也要注意这一现象。

■ 理性看待大盘

基金作为一种专家理财产品，其主要的职能就是起到分散投资的目的。大盘反弹一定程度上代表指标股的反弹，并非能够带动所有股票的上涨，也就难以促进基金净值的升长。因此，单纯依照大盘的表现来购买股票型基金并不全面。

由于股市震荡，股票型基金也会直接受到影响，在这样的情况下，投资人更不能够盲目地进行投资，需要掌握一定的投资技巧保障股票型基金能够在震荡行情下盈利。

■ 资金的组合配置

通俗来说就是将投资股票型基金的资金分成多份，一般在 3 份左右比较适合，买入 3 只看好的股票型基金，其中 2 只基金分别买入总资金的30%，另外总金额的 40% 买入比较看好的一只基金，这样就构建除了一只基金组合。

在具体买入的时候，要根据市场状况结合基金净值的高低，再分 2 ~ 3次逐步地买入，尤其是对净值涨得比较高的基金，尽管相信基金经理，但是仍然要谨慎些。

■ 震荡市场下的股基投资

面对震荡市场定期定投是比较稳妥的投资策略。在市场急剧下跌的情况下，基民可以进行抄底，但可以适度地把握定投的节奏，通过定投的方式买入股票型基金。定投前面讲到过，最大的优势在于平摊投资成本，避免选时风险。综合来看，定投更加适合波动较大、预期风险收益较高的股票型基金。

3. 指数型基金的投资

很多投资股票型基金的基民都有过赚了指数不赚钱的经历。在一段时间内，大盘指数有了很大幅度地增长，但是自己所持有的股票型基金净值却没有上涨，甚至还出现了亏损。最终只能够看着指数上涨，自己却赚不到钱。但是，如果基民购买的是指数基金就不会出现这样的情况了。

■ 认识指数型基金

指数型基金是股票型基金的一种，通过购买一部分或者全部的某指数所包含的股票来构建投资组合，目标是使这个投资组合的变动趋势与该指数相一致，以取得与指数大致相同的收益率。指数型基金主要有以下几个特点。

◆ **费用低**：指数型基金通常只会在标的指数成分股调整的时候做出相应的调整，这一调整频率大大低于主动管理型基金的股票调整频率。因此，其费用远远低于激进管理的基金，由于复利效应的存在，在较长的一段时间内会对基金收益产生巨大影响。

◆ **有效分散风险**：一方面，由于指数基金广泛地分散投资，任何单只股票的波动都不会对指数基金的整体表现构成影响，从而有效分散了个股的非系统风险。另一方面，由于指数基金所跟踪的指数一般都有较长时间的过往表现数据可以参考，投资者可以根据指数过往表现的风险收益特征预测指数未来的投资价值与风险。

◆ **管理较简便：** 由于运作指数基金不用进行主动的投资决策，所以基金管理人基本上不需要对基金的表现进行监控。指数基金管理人的主要任务是监控对应指数的变化，以保证指数基金的组合构成与之相适应。

根据指数型基金交易方式的不同，指数型基金分为 4 类：普通的指数型基金、ETF 基金、LOF 基金以及分级指数型基金。其中，普通指数型基金就是在场外进行申购与赎回的开放式指数型基金。

◆ ETF 基金

ETF 基金是在交易所交易的基金，是一种在证券交易所上市交易的开放性基金，通常为跟踪某一标的指数的被动型基金。其兼具封闭式基金与开放式基金的运作特点，既能够在证券市场上直接从其他的投资人那里进行购买，也能够在证券市场收盘之后，按照当天的基金净值向基金发行商进行申购。但是申购与赎回通常是用一篮子股票与基金份额进行交换。

与 ETF 基金相伴随的还有 ETF 联接基金，其投资标的为 ETF。持有的 ETF 联接基金相当于一种间接投资。ETF 与 ETF 联接基金的申购与赎回方式同普通开放型基金一致，其适合对象为未参与二级市场交易的投资人。

投资 ETF 基金的获利方式主要有 3 种：股票分红派息带来的基金分红、伴随指数上涨而获利以及进行套利操作而获利。

◆ LOF 基金

LOF 基金为上市型开放式基金，也就是上市型开放式基金发行结束后，投资人既可以在指定的网点进行申购与赎回基金份额，也可以在交易所买卖该基金。

【提示注意】

投资人需要注意的是，如果是在指定的网点申购的基金份额，想要上网抛出，需要办理一定的转托管手续。同样地，如果是在交易所网上买进的基金份额想要在指定网点赎回，也要办理一定的转托管手续。

LOF 基金与 ETF 基金都是同时存在于一级市场和二级市场的特殊类型基金，他们都存在着套利的机会，但是两种基金也有明显的区别。ETF 基金是跟踪某一目标指数的被动型投资性基金，而 LOF 基金虽然也采取了开方式基金上市交易的方式，但其不仅可以是被动投资的基金产品也可以是主动投资的产品。

另外，ETF 基金与 LOF 基金的申购也不同，ETF 基金的申购和赎回基本单位是 100 万份基金单位，起点很高，适合于机构投资人或者投资大户，而 LOF 基金的申购和赎回起点是 1000 份基金单位，比较适合中小型的投资人。

◆ 分级指数型基金

分级指数型基金指的是母份额跟踪某一标的指数，两类子份额拥有不同风险收益特征的分级基金。同普通分级基金一样，两类子份额中的稳健份额常常获取约定收益，而进取份额则获取除去稳健份额收益后的剩余收益。稳健份额适合于风险承受能力较低的投资人，进取份额适合于看好指数未来表现并且有较高风险承受能力的投资人。

其实根据指数型基金投资目标的不同，还可以将指数型基金分为被动指数型基金和增强指数型基金。

◆ 被动指数型基金

被动指数型基金完全采取被动管理的方式复制指数基金，力求按照基准指数的成分和权重进行配置，以紧密跟踪标的指数，最大限度地减小跟踪误差为目标。跟踪误差是指指数型基金的收益率与标的指数收益率之间的偏差。

被动指数型基金复制标的指数表现方法包括完全复制法和优化复制法两种。完全复制法是一种完全按照构成指数的各种证券以及相应的比例来构建组合的方法。一般情况下，标的指数的成分股会进行定期和不定期的调整，而新股的加入和原有股票的增发、配股等因素都会引起标的指数中的各成分股票的权重发生改变。因此，指数基金也必须及时做出相应的调整，以保证基金组合与指数的一致性。

相对于其他复制方法而言，完全复制法的原理简单，便于实际操作，而其能够保证指数型基金的投资组合与标的指数之间的运行情况高度一致，较好地继承了标的指数所具有的代表性和分散化投资特点，其跟踪效果较好。目前绝大多数的被动指数型基金均是采用完全复制法以实现对标的指数的跟踪。

所谓优化复制法指的是基金管理人根据预先设定的标题剔除掉部分不符合投资目标的成分股，并将基金投资组合内的成分股重新进行优化配置的复制方法。基金管理人可在必要的时候选择替代策略，即选择与要被替代的成分股行业相近、定价特征类似、收益率相关性较高以及具有代表性的个股来替代指数中流动性较差的成分股。此方法的原理相对复杂，操作起来的技术含量也更高。

◆ 增强指数型基金

增强指数型基金在将大部分资产按照基准指数权重配置的基础上，也用一部分资产进行主动的投资管理。其目标为在紧密跟踪标的指数的同时获得高于基准指数的超额收益，即对标的指数进行增强。

对标的指数进行增强的策略以量化策略居多，不同的增强指数型基金选择的增强策略往往不尽相同。例如，建信深证 100 指数增强所采用的增强策略包括优化成分股权重、优选非成分股等；而景顺长城沪深 300 指数增强所采用的增强策略则包括利用超额收益模型筛选低定价资产进行高配、利用风险模型控制投资组合对各类风险因子的掌握以及利用成本模型控制基金的换手率等。

■ 指数型基金的投资攻略

了解了指数型基金，那么指数型基金具体该如何来进行投资？有怎样的一些投资技巧呢？下面来详细介绍。

◆ 标的指数的投资价值

由于指数型基金的收益水平与其所跟踪的标的指数相类似，所以投资人在选择指数型基金之前，需要先对各个指数的投资价值进行分析，选择出适合自己风险收益偏好并且具备有投资价值的标的指数。

对指数进行分析的方法并不固定，通常可以从指数的估值水平、市场代表性、投资风格、成分股行业分布以及指数的风险收益指标等方面进行评估。

◆ 基金的业绩表现

在已经选择好所要投资的指数之后，就要着手选择跟踪该指数的指数型基金了。根据指数型基金投资目标的不同，对其进行业绩评价的标准也有所不同。

（1）被动指数型基金的业绩表现评价

由于被动指数型基金的投资目标是追求对标的指数的紧密跟踪，因此在选择被动指数型基金时，跟踪误差无疑是最重要的一个标准。如果能够投资于一只对标的指数有良好跟踪效果的基金，就可以更好地分享标的指数的收益。衡量基金的跟踪误差通常有两个常用指标，分别是日均跟踪偏离度绝对值和年化跟踪误差。

日均跟踪偏离度绝对值越小，年化跟踪误差越小，就表示基金对标的指数收益率的跟踪复制效果越好。通常基金的投资目标中都会设定：日均跟踪偏离度绝对值不超过 0.3%（或 0.35%），年化跟踪误差不超过 4%。

例如，广发中证 500ETF 联接是一只以中证 500 为标的被动指数型基金。其在基金合同中设定的跟踪误差目标为：力争将本基金净值增长率与业绩比较基准之间的日均跟踪偏离度控制在 0.35% 以内，年化跟踪误差控制在 4% 以内。

截至 2013 年一季度末，其在近 1 年、近 2 年和近 4 年的跟踪误差如图 8-3 所示。

	近1年	近2年	近4年
日均跟踪偏离度绝对值	0.07%	0.08%	0.09%
年化跟踪误差	1.59%	1.68%	1.78%

图 8-3　广发中证 500 ETF 联接在各阶段的跟踪误差

由图 8-3 可以看到，广发中证 500 ETF 联接在近 1 年、近 2 年和近 4 四年的日均跟踪偏离度绝对值与年化跟踪误差均远低于基金合同中设定的上限，显示出其在投资于目标 ETF 的情况下依然对标的指数保持了良好的跟踪效果，并且跟踪误差仍在不断缩小。近 4 年其基金净值走势与中证 500 指数的走势基本吻合。

（2）增强型指数基金的业绩表现评价

由于增强指数型基金寻求一定程度的超额收益，因此会在被动跟踪指数的同时加入主动管理的成分，这会使其跟踪误差比普通的被动指数型基金偏大。对于增强指数型基金来说，更为重要的指标为信息比率。信息比率反映的是基金每一个单位的跟踪误差所带来的相对于标的指数的超额收益的大小。

由于增强指数型基金的跟踪误差是由基金管理人的主动投资管理造

成的，因此如果一只增强指数型基金的信息比率越高，则说明该基金通过一定程度地主动管理获得超额收益的能力越强。

例如，目前市场上跟踪深证 100 指数的增强指数型基金有建信深证 100 指数增强、农银深证 100 指数增强和东吴深证 100 指数增强。截至 2014 年 4 月 25 日，其在近一年的信息比率如图 8-4 所示。

基金代码	基金简称	信息比率	基金规模（亿元）
530018.0F	建信深证100指数增强	0.1105	2.85
660014.0F	农银深证100指数增强	0.0912	0.49
165806.0F	东吴深证100指数增强（LOF）	-0.0059	0.52

图 8-4 深证 100 增强指数型基金在近一年的信息比率

可以看到，建信深证 100 指数增强和农银深证 100 指数增强在近一年对深证 100 指数有一定的增强效果，其中建信深证 100 指数增强的效果更佳。而东吴深证 100 指数增强则没有对深证 100 指数产生增强效果。

总的来说，指数型基金的投资，首先需要对各类指数进行分析，选出长期发展表现符合投资人风险收益偏好的指数。然后在已经确定了的指数的情况下对该指数为标的指数型基金进行业绩评价，在其中选择出优质的基金。

需要注意的是，因为每一只指数型基金的收益水平与其所跟踪的标的指数相类似，所以在随指数型基金进行业绩评价时所考察的指标不再是其收益水平，而是自身的投资目标能力。

具体来说，被动指数型基金以紧密跟踪的指数为投资目标，那么其首要业绩评价指标就是衡量其跟踪效果的跟踪误差指标；而增强指数型基金以获取一定程度的超额收益为投资目标，那么其首要业绩评价指标就是衡量其对标的指数增强效果的信息比率。

除此之外，基金规模也是需要投资人考虑的一个方面，一个指标规模较大的指数型基金在面对高额的赎回时，往往会比规模较小的指数型基金更具有优势。

8.3 高风险基金组合投资案例

> 我们一直在说明激进型投资人的基金组合，风险性较高，收益也随之增加。但是在实际的投资中，这样的风险是怎样去构建的？收益性又是怎样的呢？下面根据实际的投资案例来详细介绍。

1. 杨先生的激进组合方案

杨先生今年50岁，是一家公司的经理，有一定的资金实力，女儿已成家，妻子没有工作。杨先生年收入50万元，同时已经有了5年的投资期，是一个比较激进型的投资人。

杨先生持有的基金现状为：富国中证指数500 6%、工银农业产业股票12%、易方达军工分级6%、融通军工分级4%、宝盈国家安全沪港10%、南方产业活力8%、前海开源强势共识8%、宝盈医疗健康沪港10%、上投摩根新兴服务12%、招商中证白酒指数6%、民生中证资源指数8%、天治可转债3%、富安达信用纯债5%以及海富通稳进增2%。具体的组合配置比例如图8-5所示。

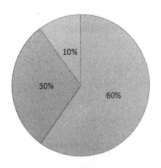

■股票型 ■指数型 ■债券型

图 8-5　基金组合比例配置

根据杨先生持有的基金情况可以看到，在杨先生的基金组合中持有的基金都是混合型中高风险类型。同时，这些混合基金中大部分股票仓位较高，属于偏股票型的混合基金。在大盘走势上扬时，有利于最大程度地把握反弹机会，但是总体来看基金组合的类型太过于单一，整体呈现出一荣俱荣，一损俱损的情况，不利于分散风险。而且大部分的基金业绩波动性偏大，可能导致长期投资收益不佳。如图 8-6 与图 8-7 所示分别为杨先生所持有的股票型基金收益比较对比和 2016 年上半年各个基金的收益走势比较。

基金代码	基金简称	类型	相关链接	盘中估值	估值涨幅	最新单位净值	累计净值	日增长率
001849	前海开源强势共识	股票型	基金吧 档案	0.9387	1.38%	0.9260 07-08	0.9260	-0.54%
001915	宝盈医疗健康沪港	股票型	基金吧 档案	0.9748	0.81%	0.9670 07-08	0.9670	0.21%
690008	民生中证资源指数	股票指数	基金吧 档案	0.7291	3.56%	0.7040 07-08	0.7040	-1.40%
001482	上投摩根新兴服务	股票型	基金吧 档案	1.0007	0.98%	0.9910 07-08	0.9910	0.10%
161017	富国中证500	股票指数	基金吧 档案	1.9719	1.23%	1.9480 07-08	1.9480	-0.26%
001195	工银农业产业股票	股票型	基金吧 档案	0.6519	0.76%	0.6470 07-08	0.6470	-1.52%
502003	易方达军工分级	股票指数	基金吧 档案	1.2203	2.31%	1.1928 07-08	0.8267	0.95%
161628	融通军工分级	股票指数	基金吧 档案	0.9182	2.37%	0.8970 07-08	0.9110	1.01%
001877	宝盈国家安全沪港	股票型	基金吧 档案	1.1916	1.07%	1.1790 07-08	1.1790	0.60%
161725	招商中证白酒指数	股票指数	基金吧 档案	1.0923	5.64%	1.0340 07-08	1.0490	0.19%

图 8-6　股票型基金收益对比

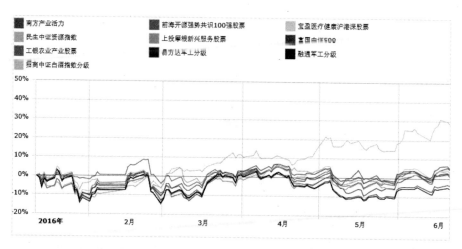

图例：
南方产业活力
民生中证资源指数
工银农业产业股票
招商中证白酒指数分级
前海开源强势共识100强股票
上投摩根新兴服务股票
易方达军工分级
宝盈医疗健康沪港深股票
富国中证500
融通军工分级

图 8-7　2016 年上半年各个基金的收益走势比较

由图 8-7 可以看到各个基金的走势基本相同，整体呈现出随大盘一起上扬，一起下跌的趋势。这样的组合没有起到分散风险的作用。

另外，从个基来看，所持基金数量过多，业绩参差不齐，不仅不利于有效跟踪，而且加大了组合调整的难度。基金投资比例过于分散，从理论上说，虽然在一定程度上可以起到分散风险的作用，但是资金投资在部分业绩落后的基金上错过了集中投资优质基金获取更高收益的机会，投资效果反而不佳。

基金本身是一种中长期投资工具，要获取超额收益，首先要精选优质基金构建组合，其次要根据市场趋势的变化对组合仓位和配置进行适当调整。实践证明，顺应趋势进行操作就会赢多输少，逆大势进行操作，即使水平再高，成功率也会大大降低，使得风险不期而至，在目前市场震荡调整时期，可以在组合中保持一定比例的固定收益类基金，防止组合的风险暴露，同时进一步精选基金以提高收益。

鉴于以上分析，根据杨先生的风险承受能力情况以及市场的行情，对杨先生的基金组合进行如下的调整，首先是基金组合的比例调整，如图 8-8 所示。

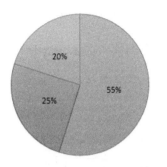

股票型基金　指数型基金　债券型基金

图 8-8　基金组合比例配置

根据目前的行情，将杨先生基金组合的股票型基金比例降到 80%，其中包括了指数型基金，另外配置了债券型基金 20% 来平衡基金组合的稳定性。杨先生具体持有的基金如下所示。

指数型基金：招商中证白酒指数 12%、民生中证资源指数 8% 和融通军工分级 5%。

股票型基金：宝盈国家安全沪港 12%、前海开源强势共识 18%、上投摩根新兴服务 13% 和工银农业产业股票 12%。

债券型基金：民生加银转债 15% 和海富通稳固债 5%。

在实际操作过程中，需要把握调整持仓结构的时机和方式，综合考虑基本面、政策面、资金面以及技术面等因素。在赎回基金的过程中，可以暂时性地保留近期表现突出的基金，将其他的基金先行操作。

2. 新婚夫妻的理财计划

王某是一位"90后"的姑娘，2016 年春节前结婚，小夫妻俩都有稳定的工作，加上父母给的嫁妆，目前手里有 20 万元资金。王某打算利用这 20 万元投资理财，夫妻二人都是偏向激进型的投资人。

对于现在的新婚家庭而言，很多都是刚刚脱离父母、真正实现财务独立的"90 后"。处于家庭形成期的王某，如果短期内不打算生孩子，也没有赡养父母的压力，此时可以将理财计划放在如何有效地积累财富上。

首先准备半年左右的家庭紧急备用金来负责家庭生活开支即可，对于备用金可以采用活期存储或者货币基金储备。

从理论上来看，家庭在形成的初期，没有子女负担压力，风险承受能力较高，此时的基金组合比例配置如图 8-9 所示。

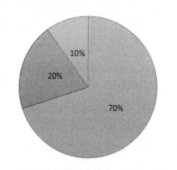

图 8-9　基金组合比例配置

由图 8-9 可以看到，在这样的风险承受力之下，可以按照"高风险 70%+ 中低风险 20%+ 无风险 10%"的比例进行配置。

高风险资产可以选择股票型基金或者指数型基金。可以"定投 + 择时单笔"的方式投资。每月固定拿出 5000 元定投，这样一年可以投入 6 万元，另外再拿出 4 万元左右的资金择时单笔投入，这样共计 10 万元的本金用 2 年时间建仓完毕。当然也可以采用一次性投资的方式。从收益上看，优选股票基金可以获得 8% 以上的收益。

中低风险资产建议选择债券型基金。债券型基金年收益一般都高于银行同期年利息，一般在 5% 左右。业绩较好的混合型债券基金的平均年收益超过 10%，以银行利息 2.79% 为基准，可以投入 3 万元，从收益上看中低风险的投资可以获得 7% 左右的收益。

无风险资产可以选择货币基金或者保本型基金。剩下的 2 万元王某应根据家庭对资金的流动性需求选择以上的投资标的。从收益上看，无风险资产可以为王某的家庭带来 4% 左右的收益。具体的基金配置情况如表 8-1 所示。

表 8-1　基金组合的配置详情

基金代码	基金名称	基金类型	投资比例
000761	国富健康优质生活股票	股票型	11%
450009	国富中小盘	股票型	22%
160219	国泰国证医药	股票型	12%
160620	鹏华资源分级	指数型	15%
161725	招商中证白酒	指数型	10%
320008	诺安增利债券	债券型	8%
485111	工银瑞信双利债券	债券型	12%
730103	方正富邦货币 B	货币型	10%

另外，子女的教育基金是家庭理财中很重要的一部分，尽管王某暂时没有提到有这方面的需求，但是子女的教育基金也是需要考虑的部分。而孩子的教育基金是家庭很大的一笔开销，所以建议新婚家庭可以提前开始储备，可以利用资产配置中的基金定投当作"子女教育基金"，待孩子上学时，就会有一笔相当可观的"教育经费"。

对于新婚家庭的投资人来说，更需要提早地制订理财规划方案，并且要坚持不懈地执行，才能实现家庭在各个阶段不同的理财目标。

3. 新白领积极型投资 5 年或可买房

林小姐 24 岁，刚刚研究生毕业，即将踏上工作岗位。所进企业的月薪为 4000 元，年底一般有 2 万元的分红，基本保险齐全，企业还提供一些伙食、交通方面的补助。

林小姐的收入水平处于中等偏上的位置，完全可以应付个人温饱与日常的消费，还能够有所盈余，在未来的几年中小有积累。

首先，林小姐可以将日常的消费支出分为两个大类，严格地控制支出。一类是必要性支出，一般无节省的余地。这类消费之中包括房租、交通以及通信费用等。另一类是选择性的支出，林小姐可以尽量地避免这部分的支出。按照目前成都市的生活物价水平，林小姐每月应该将支出控制在 2000 元左右，大约占到收入的 50%。

对于缺乏投资经验的林小姐来说，接触投资理财之初不建议购买太多的股票与债券，基金变现能力较强，是目前比较适合林小姐的投资方式。

按以上消费建议，林小姐每月的工资还有 3000 元的剩余，建议定期定额购买基金，以混合型基金为主，预期年化收益率为 6%。

在基金组合方面，可以按照 6：4 的攻守比例分别投资于偏股票型基金和保本型基金。偏股票型基金的回报率约为 8%，保本型基金的平均投资回报率约为 5%，该组合的预期综合收益率为：

$$60\% \times 8\% + 40\% \times 5\% = 6.8\%$$

当然，未来林小姐可以根据市场的情况，定期地调整基金组合的比例配置。在这样的组合中，这里推荐林小姐的基金组合如下所示。

股票型基金：中邮上证 380 指数增强（590007）15%、易方达消费行业股票（110022）10% 和华夏消费 ETF（510630）20%。

混合型基金：天弘永定价值成长混合（420003）10%和易方达资源行业混合（110025）5%。

债券型基金：鹏华双债增利债券（000054）18%和大摩多元收益债券A（233012）12%。

货币型基金：方正富邦货币B（730103）10%。

在以上投资建议下，假设林小姐未来5年没有加工资，其收入也可按照"投资运用表"积累，可在2020年底积累到28.6万元左右；若工资增长速度可抵消通货膨胀速度，也可考虑按揭买房。

4．从余额宝转高风险投资

小李参加工作1年，每个月的结余不多，工作1年后，结余大约在2万元。从去年的10月份开始，小李固定地将结余的资金全部转入了余额宝。随着余额宝收益率的降低，想到余额宝一年也无非1000元左右的收益，小李也开始考虑是不是应该换一种理财方式。小李说："我知道，追求高收益就意味着高的风险。"但是想到手里总共也就2万元，就算全部损失了，自己也能够承担，所以想投资高风险的基金理财。

由案例可以看到，小李之前也和很多年轻人一样认为投资就是简单地将资金投入货币市场，进行增值。这样的投资虽然没有什么风险，但是明显收益较小。

小李工作一年，累计结余2万元，平均每月在1600元左右，虽然不知道小李每个月的支出情况是怎样的，按照支出是结余的两倍来计算，每月的支出在3200元左右。在将资金投入高风险投资之前还需要准备一定的应急资金，已备不时之需。按照3个月的支出预留，差不多1万元，这部分资金可以继续以余额宝或者其他货币类的产品形式储蓄。

由于小李的资金量比较小，很多的投资产品门槛都够不上，所以投资的产品范围比较有限，主要集中在股票和基金方面。如果选择股票，就需要面对选股的问题，这比较复杂，需要有一定的投资经验，在工作之余对股票进行一定的研究，对小李来说不大适用。如果选择基金就要简单得多。

对小李而言，以成长股为投资的基金，就是不错的选择。成长股的特点是股价波动大，风险较高，但是可能会带来较高的收益。如图 8-10 所示为成长型股票基金收益详情。

序号	代码	基金名称	日涨幅	近一月涨幅	近三月涨幅	近半年涨幅
1	398061	中海消费	3.81%	21.04%	23.24%	31.10%
2	240022	华宝资源	2.96%	12.70%	13.21%	21.93%
3	161611	融通内需前	2.55%	10.25%	3.23%	2.94%
4	530003	建信优选成长	1.92%	12.07%	10.04%	18.62%
5	310328	申万新动力	1.47%	10.12%	8.80%	12.29%
6	110011	易方达中小盘	1.25%	8.82%	15.36%	22.20%
7	202005	南方成份前	1.24%	10.41%	10.27%	12.01%
8	519068	汇添富成长焦点	1.12%	5.73%	4.14%	13.42%
9	162703	广发小盘成长	1.08%	5.86%	4.38%	7.25%
10	040025	华安科技动力	0.91%	7.47%	10.41%	25.83%

图 8-10　成长型股票基金收益

从图 8-10 可以看到近半年中海消费基金、华宝资源以及融通内需前的净值增长率分别为 31.10%、21.93% 以及 2.94%。整体看来，这 10 只成长型基金的净值日涨幅都呈现上涨的趋势。但是在看到高收益的同时，投资人也不能够忽视高收益所带来的高风险。如图 8-11 所示为华宝兴业资源优选基金 2016 年 1 月 4 日到 1 月 27 日的基金净值走势。

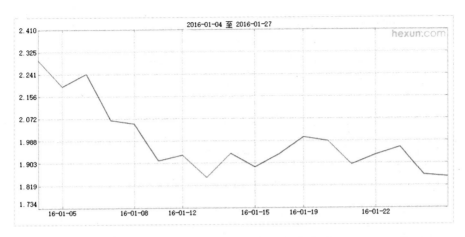

图 8-11 华宝兴业基金净值变化

可以看到基金在 1 月 4 日到 1 月 27 日期间,基金的净值波动明显,变化较大,风险较高。基金净值从 1 月 4 日的 2.295 到 1 月 12 日的 1.849,几天时间跌幅就接近 19%。

如果认为普通股票型基金的收益率还是太低,无法满足追求财富快速增长的目的,还可以选择杠杆基金,也就是分级基金的 B 份额。这种基金通过向 A 份额借款(需支付约定收益率),从而达到透支炒股的目的。在行情上涨期,B 份额的净值和交易价格会出现较大幅度的上升。根据小李的投资要求,可以进行如图 8-12 的比例对基金组合进行配置。

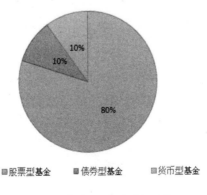

■股票型基金　　■债券型基金　　■货币型基金

图 8-12 基金组合比例配置

具体的基金选择如下所示。

股票型基金：建信优选成长混合 A（530003）25%、信诚中证 800 指数（165520）25%、华安科技动力（040025）30%。

债券型基金：工银瑞信双利 A（485111）10%。

货币型基金：鹏华安盈货币（000905）10%。

小李每月大约有 1600 元的盈余，对于基金组合的投资也可以采用定投的方式来进行。尤其是对于高风险的基金组合，定投的方式能够降低择时的风险。

另外，激进并不意味着冒进，即使选择高风险的产品，也需要了解清楚投资品的收益从何处来，可能的风险有多高，从而找到最适合自己的理财产品来完成投资。

.PART.

基金组合
误区

衡量基金
风险

基金风险
的防范

不同风险的
组合配置

基金风险下的组合与投资

　　既然是投资理财就存在一定的风险性。但是对于投资人来说，有的风险是可以避免的，在能够避免的风险下进行一定程度的安全投资能增加投资人的资产获得高收益的可能性。

9.1 基金组合误区

> 通过前文的分析，投资人知道了如何构建自己的基金组合，也明白基金组合不是构建之后就可以了，还需要定期地适应市场并对组合做出调整。投资人在调整基金组合的过程中， 不妨从整体的角度检查自己的基金是否进入了误区，影响了基金组合的回报率。

1．基金组合的配置误区

很多的投资人都对资产的配置有疑问，不知道怎样配置才是合理的。在实际的投资过程中，也确实发现在许多投资人的资产配置中存在着两个误区。

◆ 很多的投资人把"资产配置"简单地理解为分别购买不同类型的高收益基金产品。其实真正的"资产配置"并不在于数量多少，而是种类的分散。收益不追求最高，但求控制风险稳步增值。

◆ 很多的投资人花费了大量的时间和精力在"定投这几只混合基金可以吗？""在××价位申购可以吗？"或者"资产配置有什么简单的公式来套用吗？"等问题上面。

在组合基金中，资产的配置实际上和买鞋的道理相同。每个人的脚大小不同，穿着的场合不同以及搭配的衣服也不同，所以挑选的鞋子当然也不同。在实际的资产配置中，不能盲目地跟随他人，要结合自身的实际情况来配置。

我们在组合基金时，一定不是冒着 80% 的风险去搏 20% 的获利机会，而是在长期资金安全的基础上面做到增值保值。为了实现这一目标，投资人在组合基金时要谨记攻守兼备，既需要有高风险的基金，在市场不错的时候帮助获高利，也要有低风险甚至无风险的基金，在市场低迷的情况下，将亏损控制在一个可以接受的范围内，这才是组合中的资产配置。

投资人在配置时不明白什么是恒定混合策略或有效组合边界都不重要。只需要知道"无风险 + 低风险 + 适度的高风险"就可以了。其中，无风险可以选择货币基金或保本基金；低风险可以选择债券型基金或配置型基金；高风险可以选择股票型基金或指数型基金。

■ 基金投资配置建议

在基金的类型选择上，可以优先选择管理能力突出和中长期业绩优异的成长性基金作为核心配置。在此基础上适度选择价值型（稳健型）基金进行搭配。正常期的投资人可以适当地吸收增加筹码，但是务必控制好仓位。如果当前持有较多的权益类基金，应增加债券基金的持有比例，来平衡基金组合的风险。

■ 猴市行情中的配置

震荡市场中，指数的上涨机会并不大，基金投资应该以主动管理型产品为主，如股票型或混合型基金。尤其是"进可攻、退可守"的混合型基金，由于股票投资占比为 30% ～ 90%，仓位可变化范围比较大，在震荡行情中，基金经理也能够通过建仓将损失尽可能地降低。

震荡市场的特点是不同行业会有轮动，所以基金不要只维持一种投资风格，偏好低估值蓝筹的价值投资和科技，传媒或通信等的成长风格投资也要兼备。

在震荡市场中，权益类资产都会遭受不同程度的亏损，所以债券型基金，尤其是纯债券型基金，由于不参与二级市场的股票投资和打新，因此可以最大限度地规避股市波动风险。货币基金虽然收益低，风险低，但是与纯债基金对比而言，纯债基金的安全性更高。

2. 基金组合不合理

投资人购进组合之后可以将所持有的基金按照风格分类，并确定各类风格基金的比例。当某类基金的数目过多时，可以考虑选择同类基金中业绩排名较好的基金，卖出排名靠后且发展较差一些的基金。

例如，李某通过朋友的介绍开始了基金组合投资，经过测试他发现自己属于激进型的投资人。经过一番研究，他知道不能够将鸡蛋放在一个篮子里，所以配置了基金组合比例，如图9-1所示。

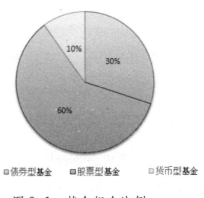

图 9-1　基金组合比例

李某想到近期市场行情发展不错，预计未来一段时间会持续走高。所以将总资产的60%投资于高风险的股票型基金，考虑到组合的稳定性所以配置了30%的债券型基金以及10%的货币型基金，具体购买的基金产品如表9-1所示。

表 9-1　基金组合的产品详情

基金代码	基金名称	基金类型	所占比例
001158	工银新材料新能源股票	股票型	20%
161028	富国中证新能源汽车指数分级	股票型	15%
160640	鹏华新能源分级	股票型	25%
213909	宝盈货币 B	货币型	10%
485111	工银双利债券	债券型	20%
710301	富安达增强收	债券型	20%

从表 9-1 可以看到李某购买的工银新材料新能源股票基金、富国中证新能源汽车指数分级基金以及鹏华新能源分级基金都是高风险的股票型基金，并且都是新能源行业。

同一类的股票型基金受到行业影响，带有连带效应，一荣俱荣，一损俱损。实际上跟购买一只股票型基金没有什么区别，并没有起到将鸡蛋分到不同篮子里的作用。

所以，李某可以考虑在 3 只基金中选择一只排名靠前、发展较好的基金继续持有，然后选择其他不同行业的股票型基金进行购买。

🐼 9.2 如何衡量基金的风险

基金作为一种长期性的投资理财产品，不可避免地会有许多不确定的风险。但是风险本身并不可怕，可怕的是投资人对于风险的认识程度不够。所以，了解基金的风险常识和掌握衡量基金风险的相关指标才能更加有效地规避风险，实现预期的获利目标。

1. 可以从哪些途径来考察基金风险

衡量基金的风险是多途径多方法的，通过不同的渠道对基金进行衡量，能全面了解基金不同的风险性。

■ 根据专业机构评级考察基金风险

专业机构对基金的评级可以作为投资人参考的一个重要因素，基金的评级包括了基金的风险以及收益等多方面的考察。无论是考察基金公司的业绩还是基金本身的情况，机构都是非常重要的参考依据。

专业的评级机构掌握的资料比一般的投资人多，对于基金的分析也会更加地全面一些，所以具有参考性，例如晨星评价。但是由于不同的机构对于基金评级的考量条件会有些出入，导致星级评定的时候会产生些差异的现象，属于正常情况。

■ 根据换手率衡量基金风险

换手率，也被称为"周转率"，指的是在一定的时间内股票在市场上转手买卖的频率，是反映股票流通性强弱的指标之一。严格来说，基金的周转率是资产购入量与售出量的较小值与基金净资产之比。

投资人可以通过换手率来了解基金经理的投资风格，是买入并长期持有还是积极地买进卖出。通常情况下，换手率较低的基金表现出稳健的特性，风险会较低；而换手率较高的基金则相对来说较激进一些，风险也就较高。

虽然并不排除短线操作水平高的基金，通过快速转移投资重点能够获得较高的收益。但是对基金来说，追逐弱点并不是稳健的基金应有的投资风格。过度频繁的交易不仅面临着较高的交易费用，而且需要承担较大的交易风险，这些最终都需要基金持有人来承担。

【提示注意】

换手率的高低主要取决于以下几个方面的因素。

（1）交易方式。证券市场的交易方式，经理人口头唱报、上板竞价以及电脑集中撮合等几个不同的阶段。随着技术手段的进步，技术功能的强大，市场容量及交易潜力进一步地扩展，换手率也就随之提高。

（2）交收期。交收期越短，换手率就越高。

（3）投资人的结构。以个人为主体的证券市场，换手率往往较高；而以基金等机构为主体的证券市场，换手率较低。

■ 以持股的比例来判断基金风险

对于持股的比例，一般基金的招募说明书中都会进行说明。股票投资的比例也会因为基金类型的不同，而比例不同。基金资金的投向可以是股票或者其他的资产，仓位较高的基金持股比例越重，也就说明基金所面临的风险越大。持股的比例越重，受到大盘的影响就越大。

基金经理会根据行情的变化来调整持股比例。例如，在牛市当中适当地增加持股，熊市时适当减仓。如果基金经理没有根据当前的行情做出调整，投资人可以考虑调整自己的基金持有情况来应对行情变化。

2. 从集中度来看基金的风险

这里说的集中度指的是基金持股的集中度与行业的集中度，这两个集中度是衡量基金风险的一个重要指标。同时，在一定程度上也决定着投资人的损益情况。

■ 基金持股的集中度反映基金的风险程度

持股的集中度指的是基金前 10 重仓股票的市值和占基金总市值的比

例。基金的持股集中度高便于基金经理对资金的控制管理，可以使基金的净值很快地上升。然而它怎么做到"全身而退"，同样地令人感到担忧。对于开放式基金来说，过于集中的持仓，一旦出现恶性赎回的情况，对基金的稳定性将会产生重要的影响。

随着基金持股集中度的不断提高，其潜在的风险也在日益增大。一方面，过度集中的投资将无法发挥投资组合规避系统性风险的作用，尤其是当基金重仓股经过较大幅度的上涨之后，这种风险将会越来越大。而且在不同的时期，基金经理对于后市的看法存在着不可避免的分歧，巨额疏忽也是开放式基金所要面临的问题。

在市场走势不明朗的情况下，选择持股集中度较为适中的基金是最有发展潜力的，因为其基金经理人将会用更大的调整投资策略来适应市场变化的空间。

■ 行业集中度是影响基金风险的重要因素

行业集中度指的是基金重配行业占基金全部行业配置的比重。一般情况下，会对投资的前三或者前五大行业代表基金的重配行业来进行行业集中度的计算。

基金的行业集中度决定了当市场某个板块大幅度下跌时，基金的表现是否会受到较大的影响。如果基金大量持有某个行业的股票，当这个行业的股票都大幅度地下跌之时，基金的业绩也会随之有大幅度地波动。关注行业集中度，就是关注资金投向的行业集中度，是集中投资在某个行业，还是分散投资在各个行业。分散投资于各个行业的风险相对较低。

分析基金的持股集中度和行业集中度相同。大量地持有几只股票基金，其风险要高于分散投资的基金。基金十大重股占资金净值的比例，是投资人了解持股集中度的一个实用的指标。

🐼 9.3 基金的投资风险防范

> 投资总是伴随着风险，基金投资也是一样的。投资人在投资时需要严格控制投资的风险，掌握一定的技巧可以降低投资的风险。

1. 基金投资的风险在哪里

投资人在选择基金投资时候，总会先入为主地认为所有的基金风险都很低，收益也很稳定。尤其是在组建基金组合之后，认为组合可以很好地平衡资产，没有什么亏损的现象，收益会很稳定地增长。投资基金存在的风险也是多方面的，投资人只有了解基金存在的各种风险，才能够及时有效地规避风险，实现收益。

■ 基金的市场风险

基金的市场风险可以分为两类：一种是基金的系统风险，另一类是基金的非系统风险。

其中，基金的系统风险指的是金融市场由于各种原因遭受的风险。由于金融市场的风险对于各种金融投资都会产生不同程度的影响，因此系统风险可以被认定为投资人和基金管理人无法控制的风险。

基金的系统风险主要包括政策风险、政治风险、经济周期风险、利率和汇率风险、购买力风险以及市场的供求风险等。对于投资人来说，基金市场的系统是基金最主要的风险。

而基金的非系统风险包括基金的经营风险、操作或者技术风险、道德风险以及信用风险等。

■ 基金的流动性风险

对于开放式基金来说，一些基金为了避免市场行情迅速下跌时，投资人巨额资金赎回从而影响到基金的操作，所以在基金信托契约中常常制定有限赎回条款，条款中会规定当某日赎回的金额占基金总资产净值超过"规定"的比例时，基金公司有权暂停投资人的赎回。一旦出现这样的情况，投资人就会出现想卖出基金份额，却无法实现的情形；而对于封闭式基金来说，在市场行情低迷、成交量萎缩的时候，也不容易脱手。这样的情况就是基金的流动性风险。简单来说，就是基金的变现能力风险。

■ 了解基金的未知价风险

基金的未知价风险主要发生在开放式基金申购和赎回的时候，具体是指投资人在进行基金申购或者赎回时，所参考的基金单位资产净值是上一个基金开放日的数据，而实际上投资人申购和赎回操作采用的是当日基金的最终单位资产净值。那么对于基金单位资产净值在自前一交易日到当日的变化，甚至是最终的结构，投资人是无法确切知道的。

■ 不同基金的投资风险

由于不同类型的基金有着不同程度的风险，其中股票型基金比债券型基金的投资风险更高。股票型基金主要受到上市公司的经营风险和证券市场的风险的影响，而债券型基金投资的风险主要是受到利率变动的影响，同时还有债券投资本身的信用风险。

对于投资人来说，基金的投资目标不同，所要承受的投资风险也随之不同。其中，成长型的基金投资风险最高，平衡基金的投资风险次之，最低的是收益型基金。

■ 其他的风险

除了前面说到的风险之外，还有其他的一些风险，也会对基金投资产生影响。例如，由于金融市场危机、行业竞争压力可能产生的风险，以及自然灾害等不可抗力因素的出现，可能会严重影响到证券市场的运行，导致基金资产的损失。

2．基金投资的风险防范技巧

我们了解到了基金投资的风险是来自多方面的，接下来就需要了解怎样应对这些风险，有些什么样的防范技巧。

■ 对贷款购买基金说不

无论是对家庭还是个人而言，投资基金都是一种理财的行为。在理财之前需要将自己的资产做一个合理的规划，将目前的收支情况做合理的安排，而不是盲目投资，更不是为了在短期内获得暴利。投资应该是在尽量保证本金安全的前提下，提高自己闲置基金的升值效率。

所以，用于投资基金的资金应该是投资人闲置的，可以很长一段时间内用不到的钱。通过贷款的方式购买基金，这个投资本身就已经增加了投资的成本，投资人在计算收益的时候，也就不能够仅仅凭借基金表面的净值收益率来进行简单的计算，应该将风险同时考虑在内，贷款投资的基金收益与风险是不合算的。

贷款购买基金需要支付利息，根据贷款年限的不同，利息也是有区别的。一般来说，贷款的年限越长，其贷款利息率也就越高。所以，投资人在进行贷款理财，如果获利，那么计算纯收益时除了要减去申购、赎回基金的费用，还需要除去贷款的利息与本金。这样一来，投资的成本就大幅度地增加了，而且获利的空间也缩小了，另外投资人还要承担更大的投资压力。

■ **树立正确的风险意识**

说到投资当然离不开风险。投入的资金越多，投资人承担的风险就会越大，预期收益越高，所要承担的风险也就越大。因此，树立较强的风险防范意识，对于基金投资人来说是很有必要的。

当市场处于牛市时，有的投资人会因为升值快而忽略了风险的存在，一味地加仓。一旦行情发生转变，投资人面对急转直下的情况，往往无法承受这样的风险。所以投资人要认识到，风险不是突如其来的，而是一直存在的。熊市有风险，牛市投资也会有风险。

投资人想要真正地获利，就要考虑到亏损的可能性。只有将亏损的可能考虑充分，具备一定的抗风险能力，才能够更加明确自己的投资目标，从而做出合理的投资计划。理智的投资，必然会降低风险。

■ **正确应对基金的调整期**

基金的每一次调整，对于投资人来说都会存在较大的风险，但是风险与机会是并存的。为了将投资的风险降到最低，投资人应该尽量避免在熊市时选择入市。但是在牛市行情中，基金的上涨趋势也会经常由于各种因素的影响导致小区间的调整，同时大幅度地调整也有可能以为这行情的转变是牛市的结果。所以在实际的操作中，怎样应对调整期时常困扰着投资人。

◆ 提前准备应对调整期

这里提到的准备指的是心理准备、资金准备以及止损准备。进入基金调整期，风险会随之而来。其中表现得尤为明显的就是基金净值的不规律变化。投资人要有一个长期持有的心理准备，基金净值变动是正常现象，本身基金就是一种长期性的投资，且不可贸然地赎回。

另外，投资人在投资前应该留出一部分的备用投资资金，以便当市场行情出现大幅度的震荡时，投资人可以选择在价格低位补仓。一般基金的调整期毕竟是短时间的，基金净值的下跌也很有可能是短期的，但是也不可避免地会有基金出现整体下跌的现象。所以，为了确保本金不会大量流失，投资人在补仓时，也需要慎重。

◆ 应对基金调整原则

在基金调整期，投资人要把握一定的投资原则，及时抓住机会，才有可能实现短期内的获利。一般来说，在基金的调整期，投资人都是"高抛低收"，以实现短期获利。但是这种方法在牛市当中比较适合，基金的这种调整，很有可能演变成为整体趋势的改变，因此在基金调整期采用的投资策略应讲究一定的原则。首先加码要在牛市时，然后行情突变时，及时赎回，最后确保本金安全。

9.4 不同风险的基金组合投资实例

前面讲到了低风险、中风险以及高风险的基金组合。那么，在具体的实例中，不同风险的投资爱好者应该怎样来配置基金组合，下面进行具体讲解。

1. 5万元可以怎样配置基金组合

对于有投资想法的投资人来说，5万元的资产并不算多，投资人怎样运用 5 万元来配置出适合自己的基金组合，这才是投资人关注的重点。

■ **保守型基金组合配置**

厌恶风险的人对资金的流动性有较高要求，他们的 5 万元钱也许为了今后某一计划做打算，并不希望短时间内增值，却希望获得长期稳定保本的收益，比如有些家长已经开始为刚进小学初中的子女计划以后上大学的经费，现在投资 5 万元，到时加上收益也许刚好够学费。所以建议将 5 万元投资于保守的混合型基金和债券型基金。

具体组合策略：

【诺安灵活配置混合基金（320006）投资 2.5 万元】

诺安灵活配置混合基金是晨星 3 年五星评级的混合型基金，基金的季度表现也一直高于同类平均基金。如图 9-2 所示是诺安灵活配置混合基金的历年基金走势图。

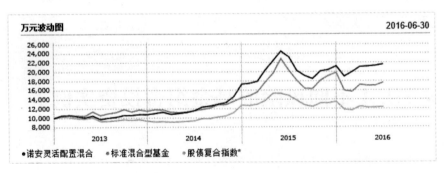

图 9-2 诺安灵活配置混合基金业绩走势

可以看该基金虽然在 2015 年一度下跌，但是整体呈现上涨的趋势，后势的发展可以看好。这类的基金投资风险较低，比较适合投资人长期的持有。

【大摩强收益债券基金（233005）投资 2.5 万元】

大摩强收益债基金（233005）是风险较低，以本金安全为前提的基金，所以基金整体比较稳定，如图 9-3 所示。

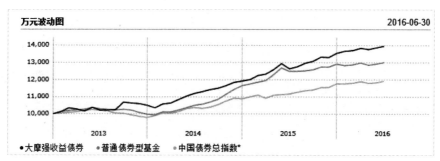

图 9-3　大摩强收益债券基金走势

其实债券型基金都差不多，在众多债券型基金中选择大摩强收益债券是因为其多年在晨星开放式基金业绩排行榜中名列前茅，如图 9-4 所示。

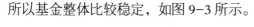

图 9-4　大摩强收益债券排行情况

无风险的债券投资加无本万利的一级市场股票申购，收益是非常稳定可观的。这一类投资人的代表人物有想为以后子女教育经费提前准备的年轻父母。

■ 平衡型基金组合

这部分基民也许对风险又喜又忧。比如有些股民，自己手头有股票，但赚得不多，看到基金很火，想尝试一下基金，又拿不出很多钱，于是从股票投资中拿出 5 万元进行基金投资，希望既能跟上指数赚钱，又希望能化解一部分个股风险。

具体组合策略：

【国泰浓益混合 C 基金（002059）投资 3 万元】

国泰浓益混合 C 是混合型平衡基金，2015 年 11 月 16 日成立。虽然成立时间不久，但是基金的表现优秀，如图 9-5 所示为基金的累计收益率走势图。

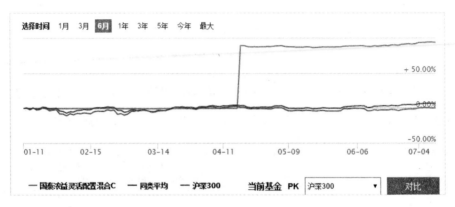

图 9-5　国泰浓益混合 C 基金收益走势

【招商安达保本（070007）投资 2 万元】

招商安达保本混合基金的投资资产分布如图 9-6 所示。

图 9-6　招商安达保本混合基金资产配置详情

由图 9-6 可以看到资产中 70% 左右的资产投资于债券市场、8% 左右投于现金。对于风险较高的股票，所占比例在 20% 左右。这样的资产配置基金风险较低。

保本，顾名思义保证不亏损本金，在大盘急转直下时，投资人手中的股票减值，股票基金也减值，此时想到幸好还买过保本基金，至少不会输得太惨。

■ **激进型基金组合**

这部分投资者，有了一定资本想进行投资，因为年轻所以他们偏好风险，偏好风险当然购买股票型基金，但股票型基金也分多种投资偏好不同的基金，建议将大部分的钱购买那些正好偏向于投资近期市场热点股票的基金，像最近市场热点集中在大盘蓝筹股上，我们就应投资于偏好大盘蓝筹股的基金。留下一小部分投资与先前组合投资方向相左的基金。

具体组合策略：

【易方达消费行业基金（110022）投资 4 万元】

易方达消费行业的投资特点是，主要投资于中证指数公司界定的主要消费行业和可选消费行业的股票。其中，主要消费行业包括食品与主要用品零售行业、家庭与个人用品行业和食品、饮料与烟草行业；可选消费行业包括汽车及汽车零部件行业、耐用消费品与服务行业、消费者服务行业、媒体行业和零售业。例如五粮液、贵州茅台、格力电器以及泸州老窖等。其基金累计收益率走势如图 9-7 所示。

图 9-7　易方达消费行业基金的累计收益率走势

从易方达消费行业走势图来看，与大盘指数的相关性是非常强的，几乎是同步走高。在市场今天"一九现象"频频出现时，紧跟市场热点显得非常重要。

【提示注意】

"一九现象"指的是少数股票的上涨与大多数股票的边缘化共存的现象。

【长盛中小盘精选基金 (080015) 投资 1 万元】

长盛中小盘精选的投资情况如图 9-8 所示。

图 9-8　长盛中小盘精选基金资产投资详情

由图 9-8 可以看到基金的股票投资占基金资产总值比例的 81.69%，现金投资占基金资产总值的比例为 20.07%，债券占基金资产总值比例的 0.00%。

长盛中小盘精选近期净值走势严重滞后于大盘，原因是该基金投资的股票品种是一些题材类的小盘股，在最近大市值股票盛行的行情中，这些题材股明显受到冷遇，但我们投资的剩余 1 万元是防范性的，不排除大盘会在短期转换热点进行题材炒作。所以推荐少量投资于长盛中小盘精选基金还是非常有必要的。

2. 10 万元资金的基金组合投资配置

10 万元的投资资产对投资人而言，投资的金额有所增长，承受的风险也随之增加。在这样的情况下，怎么来配置适合自己的基金组合呢？

■ 保守型基金组合

这类投资人，比较具有代表性的就是希望能用这笔资金养老的老年人。老年人辛苦一辈子，积攒了 10 万元希望应对以后住院看病等费用，应该说他们是绝对厌恶风险的，所以对于这部分投资者一定要把资金的安全性放在首位。在这样的基金组合之中，应该将组合的安全性放在组合的首要位置。

组合应该按照如图 9-9 所示的比例进行基金组合的配置。

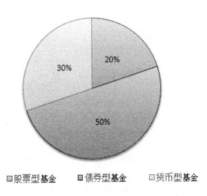

图 9-9　基金组合的比例配置

将安全放在基金组合的首要考虑，并不代表不买股票型基金。合理地配置股票型基金的比例，在确认组合风险安全的前提之下可以为组合带来收益。

具体组合策略：

【民生中证内地资源主题指数基金（690008）投资 2 万元】

民生中证内地资源主题指数基金的资产投资特点，具体如图9-10所示。

图 9-10　民生中证内地资源主题指数基金的资产配置

从图 9-10 中可以看到，资产配置中的股票占到总资产的 95% 左右，现金的比例占到了 6% 左右，风险较高。该基金是指数型股票基金，属于证券投资基金中的高风险高收益品种，风险收益水平高于混合型基金和债券型基金。如图 9-11 所示为基金 2016 年上半年的净值回报走势图。

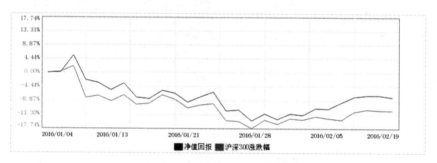

图 9-11　基金 2016 年上半年的净值回报走势

从基金的历史走势中可以看到，它是随着大盘走势的上扬而上扬，下跌而下跌。业绩走势与大盘高度相关，虽然风险较高，但是用一小部分资金来投资这类具有发展潜力的基金还是很有必要的。

【招商信用增强债券基金（217023）投资 5 万】

其中，该基金资产的投资虽然有 80% 左右用于投资债券，但是 15% 左右的资产投资于股票。在投资的债券中所占比例较大的是比较稳定的国家债券和企业债券，所以整个基金呈现出比较稳定的状态。

投资债券一直是老年人的爱好，但由于消息不对称，导致他们不能及时购买刚上市的债券，购买债券基金应该是不错的选择，因为基金管理人会定期及时购买债券，而投资人只需付出很小一部分的管理费。如果考虑到债券基金几乎无风险，债券基金的收益还是非常不错的。

【中欧滚钱宝发起式货币基金（001211）投资 3 万元】

其中，该基金的资产有 60% 左右用于投资现金，40% 左右投资于债券。货币基金之间的收益差距一般不会太大，中欧滚钱宝发起式货币基金在晨星基金排行之中，排名长期靠前，比较稳定。

另外，留着 3 万元的货币基金等于留着 3 万元的活期存款，应对突发情况取款，中欧滚钱宝发起式货币基金是不错的选择。

■ 平衡型基金组合

有不少的年轻情侣正在筹备自己的婚礼，但是 10 万元结婚够吗？省着点也许够，但结婚一辈子只有一次，谁都想将婚礼办得更完美一点。

那么，哪种投资能短时间获取收益？非股票市场，但高收益意味着高风险，这部分投资人又不能输完投资资本，于是可以把这部分投资人归为风险中性。

考虑到这类投资人具有一定的风险承受能力，所以可以按照图 9-12 的比例进行配置。

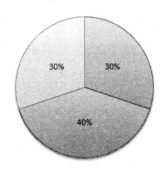

图 9-12　平衡型基金组合的比例配置

具体组合策略：

【易方达策略成长基金 (110002) 投资 3 万元】

易方达策略成长基金的投资特点是投资兼具较高内在价值和良好成长性的股票，积极把握股票市场波动所带来的获利机会，努力为基金持有人追求较高的中长期资本增值。其中股票的比例占 95% 左右，如图 9-13 所示为基金的资产投资详情。

资产分布		2016-03-31	
		占净资产(%)	+/-同类平均
• 现金		10.11	-9.00
• 股票		85.73	5.71
• 债券		5.72	3.19
• 其它		-1.56	0.10

图 9-13　易方达策略成长基金的资产投资详情

从易方达策略成长 (110002) 的历次持仓情况来看，都是些很容易成为热点的个股，比如贵州茅台、中信国安及招商银行等。建议投资者用1/3 的钱投资该基金，也许能带来意想不到的超额收益。

【大成沪深 300 指数基金 (519300) 投资 4 万元】

大成沪深 300 指数的投资特点是通过严格的投资程序约束和数量化风险管理手段，实现指数投资偏离度和跟踪误差的最小化。

在正常市场情况下，本基金日均跟踪偏离度的绝对值不超过 0.35%，年跟踪误差不超过 4%，具体如图 9-14 所示为 2016 年上半年的基金累计收益走势图。

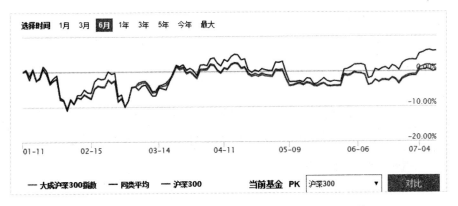

图9-14　大成沪深300指数基金累计收益走势

大成沪深300基本是模拟指数的基金，在如今的市场中，要能取得大盘指数的业绩是不容易的，跟着大盘走不失为良策，在有一部分资金投入到易方达策略成长基金后，用大成沪深300指数基金来护驾是非常有必要的。

【华夏现金增利货币A/E基金（003003）投资3万元】

华夏现金增利（003003）的投资特点是，投资范围包括剩余期限在397天以内的国债、政策性金融债和AAA级企业债等短期债券，期限在1年以内的债券回购和中央银行票据。如图9-15所示为基金在2016年3月的债券投资详情。

债券品种 历史分布>>			2016-03-31
序号 债券品种	占净资产(%)	+/-同类平均	
1 国家债券	8.40	7.28	
2 央行票据	-	-0.07	
3 金融债券	0.15	-6.40	
4 企业债券	0.07	0.02	
5 企业短期融资券	1.54	-11.55	
6 中期票据	-	-0.35	
7 可转债	-	-	
8 公司债券	-	-	
9 资产支持证券	-	-0.06	
10 其他	-	-0.36	

图9-15　华夏现金增利基金的债券投资详情

Financing
理财学院：从零开始学基金投资

最后选择一家货币型基金，主要出于对资金的流动性和安全性进行护航，货币型基金的特点是随存随取，应对任何突发事件不必像其他开放式基金一样等好几天才能拿到钱，收益又不低于银行活期存款，是非常安全的投资品种。

■ 激进型基金组合配置

有这样一类投资人，手上有闲钱，不着急用，存在银行又没多少利息，买房投资又不够。看着股票涨得那么高，想买股票又不知从何下手，对股票了解也不多。这时，基金是最好的选择。因为这部分人觉得银行的利息收益较少，不想将资金放在银行。所以可以把这类投资者归为风险偏好型。对于这一类投资人，其 10 万元的基金组合配置可以按照图 9-16 来进行配置。

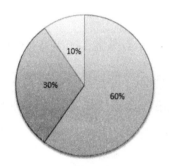

图 9-16　基金组合配置

具体组合策略：

【中欧时代先锋股票基金（001938）投资 3 万元、华夏上证消费基金（510630）投资 3 万元】

中欧时代先锋股票基金中，股票投资占基金资产比例的 90% 左右，属于股票型基金。基金的风险属于高风险产品，其基金经理是周立波先生，

他最擅长的是股票型基金，从业平均回报率是 33.18%，最大撤回率
− 18.34%，最大盈利为30.56%。基金是2015年11月成立的，时间不是很长，
但从历史业绩来看，表现不错。具体如图 9-17 所示。

业绩表现（2016-07-12）						查看净值走势
	周涨幅	月涨幅	季涨幅	半年涨幅	年涨幅	今年以来
本基金	-0.00%	7.80%	12.22%	28.55%	0.00%	11.59%
上证综指	2.05%	5.69%	-0.93%	5.12%	-22.94%	-13.84%
沪深300	2.53%	5.23%	0.03%	4.95%	-21.16%	-12.27%
上证基指	0.18%	0.50%	-0.48%	1.44%	-10.25%	-4.08%

图 9-17　中欧时代先锋股票基金历史业绩表现

华夏上证消费属于大盘平衡型基金，基金资产股票投资所占比例较
大。在2016年3月底，基金的股票投资比例占净资产的97.99%，风险较高。
仅管如此，高风险就代表高收益。就阶段性涨幅来看，该基金表现良好。
具体如图 9-18 所示。

名称	近1周	近1月	近3月	近6月	近1年	近2年	近3年	今年来
华夏上证消费	3.73%	7.52%	11.06%	17.24%	-3.91%	63.67%	50.36%	-0.79%
上证综指	-0.01%	1.44%	0.28%	1.19%	-21.80%	49.71%	50.23%	-12.99%
沪深300	2.14%	3.45%	1.70%	3.72%	-21.16%	49.28%	47.17%	-12.27%
和讯基指	0.51%	1.45%	1.55%	0.8%	22.18%	71.63%	170.21%	0.8%
上证基指	0.22%	0.37%	0.07%	1.00%	-10.25%	48.32%	52.11%	-4.09%
同类排名	129|2584	322|2584	140|2584	170|2584	1124|2584	373|2584	475|2584	738|2584
四分位排名	优秀	优秀	优秀	优秀	良好	优秀	优秀	良好

图 9-18　华夏上证消费阶段性收益详情

【长盛上证 50 指数分级 B 基金（502042）投资 1 万元、招商煤炭分
级基金（161724）投资 2 万元】

长盛上证 50 指数分级 B 基金主要采用完全复制法，即按照标的指数
成分股组成及其权重构建股票投资组合，并且根据标的指数成分股及其权
重的变化而进行相应的调整。在正常市场情况下，该基金的风险控制目标

是追求日均跟踪偏离度的绝对值不超过 0.35%，年跟踪误差不超过 4%。基金具体的涨幅如图 9-19 所示。

名称	近1周	近1月	近3月	近6月	近1年	近2年	近3年	今年来
长盛上证50指数分级B	0.68%	4.06%	-8.94%	-17.42%	—	—	—	-38.46%
上证综指	-0.01%	1.44%	0.28%	1.19%	-21.80%	49.71%	50.23%	-12.99%
沪深300	2.14%	3.45%	1.70%	3.72%	-21.16%	49.28%	47.17%	-12.27%
和讯基指	0.51%	1.45%	1.55%	0.8%	22.18%	71.63%	170.21%	0.8%
上证基指	0.22%	0.37%	0.07%	1.00%	-10.25%	48.32%	52.11%	-4.08%
同类排名	74|2584	137|2584	2346|2584	2174|2584	—|2584	—|2584	—|2584	2171|2584
四分位排名	优秀	优秀	不佳	不佳	—	—	—	不佳

图 9-19　长盛上证 50 指数分级 B 基金阶段涨幅情况

　　根据基金的阶段涨幅情况来看，虽然经历了一段时间的低迷，但是近段时间开始反弹，后续的发展值得关注。而招商中证煤炭分级基金作为业内首只煤炭分级基金，该产品在投资标的上具有独一无二的稀缺价值。根据资料来看，该产品是以中证煤炭等权指数为跟踪标的。

　　招商煤炭分级 A 份额的约定年基准收益率为 5.5%，B 份额作为杠杆化产品，其初始杠杆比率为 2 倍，呈现出高风险、高预期收益的特征。如图 9-20 所示为基金年度收益走势。

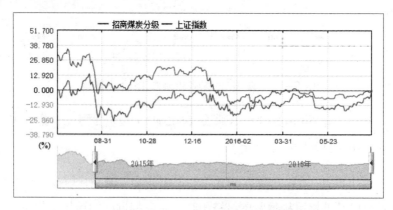

图 9-20　招商煤炭分级基金年度收益走势

根据基金的年度收益走势可以看出基金走势良好，随着上证指数的变化而变化，且一直高于上证指数，表现优秀，值得投资人关注投资。如图 9-21 所示为该基金各个阶段的涨幅具体变化情况。

名称	近1周	近1月	近3月	近6月	近1年	近2年	近3年	今年来
招商煤炭分级	6.96%	15.80%	6.14%	11.93%	5.77%	--	--	3.46%
上证综指	-0.01%	1.44%	0.28%	1.19%	-21.80%	49.71%	50.23%	-12.99%
沪深300	2.14%	3.45%	1.70%	3.72%	-21.16%	49.28%	47.17%	0.8%
和讯基指	0.51%	1.45%	1.55%	0.8%	22.18%	71.63%	170.21%	0.8%
上证基指	0.22%	0.37%	0.07%	1.00%	-10.25%	48.32%	52.11%	-4.08%
同类排名	26|2584	18|2584	583|2584	426|2584	546|2584	—|2584	—|2584	214|2584
四分位排名	优秀	优秀	优秀	优秀	优秀	--	--	优秀

图 9-21 招商煤炭分级基金各个阶段涨幅变化

【博时信用债券 A/B 基金（050011）投资 1 万元】

博时信用债属于二级债券基金，博时基金注重价值性的投资，以蓝筹为主，博时信用债基金也受到影响，在大盘走高的情况下，表现良好。在晨星 3 年评级中为五星，前景可观，适合组合中长期性的持有。具体如图 9-22 所示。

名称	近1周	近1月	近3月	近6月	近1年	近2年	近3年	今年来
博时信用债券A/B	1.27%	3.45%	3.65%	3.30%	9.71%	105.39%	104.29%	0.98%
上证综指	-0.01%	1.44%	0.28%	1.19%	-21.80%	49.71%	50.23%	-12.99%
沪深300	2.14%	3.45%	1.70%	3.72%	-21.16%	49.28%	47.17%	-12.27%
和讯基指	0.51%	1.45%	1.55%	0.8%	22.18%	71.63%	170.21%	0.8%
上证基指	0.22%	0.37%	0.07%	1.00%	-10.25%	48.32%	52.11%	-4.08%
同类排名	19|1113	20|1113	28|1113	95|1113	81|1113	7|1113	7|1113	609|1113
四分位排名	优秀	优秀	优秀	优秀	优秀	优秀	优秀	一般

图 9-22 博时信用债券 A/B 基金各个阶段涨幅变化

总的来说，这类投资者把大量的资金用于购买股票型基金和指数型基金，因为这部分投资人对股票了解不深，他们没有过多的时间来对股票进行专研，但是希望能通过股票的投资获得较高的收益。而通过阶段性基金的历史业绩表现和排名等情况可以让他们对基金有大概的了解，以及对基金未来的发展有一个大概的预估。

3. 50万元的不同基金组合投资配置

对于持有50万元资金的投资人来说，选择余地更大的同时，能够承担的风险也相应地得到了提升。那么，对于不同需求的投资人来说，应该怎么来配置适合自己的基金组合呢？

■ 保守型基金组合配置

有这样一部分投资人，他们手上的钱准备买房，暂时还没有目标，但又不想手上的钱闲着。所以想利用这部分资金来进行投资。

这部分投资人的钱是有用处的，所以要在保底的情况下，想办法尽可能的获得一些收益。这一类型的投资人可以考虑购买保本型基金和货币型基金。具体的资产配置比例如图9-23所示。

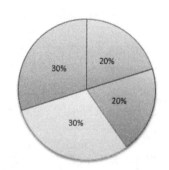

图 9-23　基金组合比例

具体组合策略：

【南方保本混合基金（202212）投资15万元】

选择保本型基金主要是看中基金的低风险性，对于这类追求低风险、求稳定的投资人来说比较适合。而南方保本混合基金在众多的保本基金中排名靠前，表现优秀，十分稳定，具有投资的价值。

【金鹰红利价值基金（210002）投资 10 万元】

金鹰红利价值属于混合价值型基金，风险程度在中高的范围。在基金资产投资中股票比例在 50% 左右，现金比例在 40% 左右。在晨星 3 年评级中有五星的高分评级，而基金的走势比较稳定。具体如图 9-24 所示。

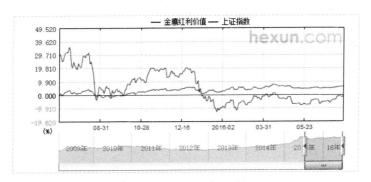

图 9-24　金鹰红利价值基金的年度收益走势情况

【中银货币基金（163802）投资 15 万元】

中银货币的投资特点是投资于具有良好流动性的金融工具，包括现金；一年以内（含一年）的银行定期存款、大额存单；剩余期限在 397 天以内（含 397 天）的债券；期限在一年以内（含一年）的债券回购；期限在一年以内（含一年）的中央银行票据；中国证监会、中国人民银行认可的其他具有良好流动性的货币市场工具。货币基金最主要的优势在于它的流动性，如果投资者看到了心仪的房子，马上就能取出来购买，而且这 15 万元也是有不低于银行活期存款的利息，何乐而不为？

【信诚中证 800 指数分级基金（165520）投资 10 万元】

信诚中证 800 指数分级基金属于大盘平衡型基金，高风险。基金资产投资中股票比例在 90% 左右，而在投资的详情中主要集中于采矿业和制造业。从历史的业绩来看虽然波动幅度较大，但是由于市场行情的转变，基金在阶段性的业绩中有不错的表现，具体如图 9-25 所示。

名称	近1周	近1月	近3月	近6月	近1年	近2年	近3年	今年来
信诚中证800指数分级	7.34%	14.43%	17.91%	22.79%	12.06%	26.86%	—	5.53%
上证综指	-0.01%	1.44%	0.28%	1.19%	-21.80%	49.71%	50.23%	-12.99%
沪深300	2.14%	3.45%	1.70%	3.72%	-21.16%	49.28%	47.17%	-12.27%
和讯基指	0.51%	1.45%	1.55%	0.8%	22.18%	71.63%	170.21%	0.8%
上证基指	0.22%	0.37%	0.07%	1.00%	-10.25%	48.32%	52.11%	-4.08%
同类排名	19|2584	23|2584	25|2584	79|2584	309|2584	887|2584	—|2584	143|2584
四分位排名	优秀	优秀	优秀	优秀	优秀	良好	—	优秀

图 9-25　信诚中证 800 指数分级基金阶段性涨幅变化

■ **平衡型基金组合配置**

这类投资人最具代表性的是初涉股票的生意人。这部分投资人，通过做生意赚取了一定数量的钱，想尝试投资理财，于是选择买基金。应该说他们对股票了解不多，是带着将信将疑的态度投资基金的，所以需要顾及风险购买基金，可以适当组合基金品种，具体组合比例配置如图 9-26 所示。

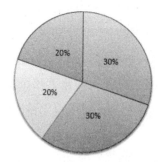

■ 股票型基金　■ 指数型基金　□ 债券型基金　■ 货币型基金

图 9-26　基金组合比例配置

具体组合策略：

【天弘中证食品饮料指数 C 基金（001632）投资 15 万元】

天弘中证食品饮料指数基金的投资范围是具有良好流动性的金融工具，持股集中度为 51.42%。股票投资组合构建主要按照标的指数的成分股组成及其权重来拟合复制标的指数，并根据标的指数成分股及其权重的变动而进行相应调整，以复制和跟踪标的指数。同时，基金近 3 个月的排行非常好，且走势良好，具体如图 9-27 所示。

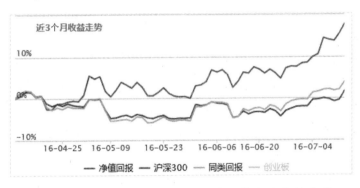

图 9-27　天弘中证食品饮料指数 C 基金的收益走势

【嘉实低价策略股票基金（001577）投资 15 万元】

该基金投资于依法发行或上市的股票、债券等金融工具及法律法规或中国证监会允许基金投资的其他金融工具。例如中国平安、信维通讯、中国联通以及北京银行等。

2016 年 3 月 15 日基金重仓金融业，所占比例为 16.4%，而制造业占比为 60.3%。该基金在历史业绩中表现良好，后续的发展也值得投资人继续关注，具有投资价值。基金具体的收益情况如图 9-28 所示。

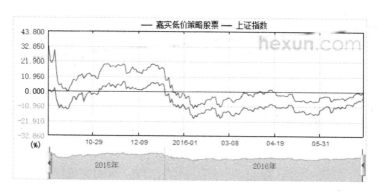

图 9-28　嘉实低价策略股票基金年度收益走势

【鹏华丰盛债券基金（206008）投资 10 万元】

该基金以债券投资为主、稳健收益型股票投资为辅，目标是在有效控制风险的前提下，谋求基金投资收益长期稳定增长。以债券投资为主，就是有效地控制了风险，该基金在晨星开放式基金业绩排行榜上星级很高，值得信赖，即便股市转熊，获得高于活期存款的收益还是非常有把握的。

【宝盈货币 B 基金（213909）投资 10 万元】

前面提到过货币基金由于其自身的低风险性，所以收益较低，基金之间的差异虽然有，但是从长期来看不会很大。选择货币基金主要是根据基金的稳定性来确定。

■ **激进型基金组合配置**

有一类激进型的投资人比较热衷于对股票型基金的投资，有可能是股票市场风险较大，自己独自投资风险无法把控。反而通过股票型基金来进行投资，通过基金经理对股票投资进行调整，投资人减少了自己操作带来的风险。这类投资人对于风险有一定的偏好，追求高风险下的高收益的典性投资，具体的基金组合可以按照图 9-29 进行配置。

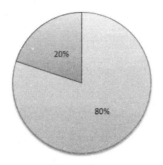

图 9-29　基金组合比例配置

具体组合策略：

【国富健康优质基金（000761）投资 15 万元、鹏华酒分级基金（160632）投资 15 万元、银华资源指数分级基金（161819）投资 10 万元】

股票投资范围为基金净资产的 60% ～ 80%，债券投资范围为基金净资产的 20% ～ 40%。在相关法规允许的前提下，基金中股票投资范围最高可以达到基金净资产的 100%。综合长期和短期的基金净值走势，国富健康优质、鹏华酒分级以及银华资源指数分级表现良好，在后市的发展中也具有一定的潜力。同时，在基金收益排行之中也名列前茅。如图 9-30 所示为 3 只股票基金的收益对比。

阶段收益	161819 ☒ 银华资源指数	000761 ☒ 国富健康优质	160632 ☒ 鹏华酒分级
成立日期	2011-12-08	2014-09-23	2015-04-29
今年来	1.93%	-8.03%	8.33%
近1周	6.26%	3.80%	7.47%
近1月	12.14%	12.24%	13.52%
近3月	10.84%	8.83%	22.29%
近6月	13.91%	12.24%	29.12%
近1年	-6.90%	10.72%	3.51%

图 9-30　3 只股票基金的收益比较

通过阶段性的收益对比可以看到，3 只基金的发展整体呈现上升的趋势，鹏华酒分级相比另外两只基金发展较好一些。如图 9-31 所示为鹏华酒分级基金的 2016 年上半年收益走势图。

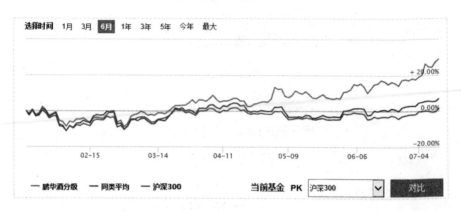

图 9-31   鹏华酒分级基金 2016 年上半年收益走势

对于 80% 比例的股票型基金，没有将所有的资金投入一只基金，而是分别投入 3 只基金，虽然 3 只基金的投资策略不同，但是都取得了不错的业绩。

【嘉合货币 B 基金（001233）投资 10 万元】

嘉合货币基金除了低风险的稳定性之外，在同类型阶段基金中的排名也一直靠前，趋于稳定。

总而言之，尽管投资人的投资金额与承受风险不尽相同，但是都能够通过基金组合的方式配置出适合自己的投资风格的投资方式，从而获得收益。